Creativity Education and Product Development

創造性教育とモノづくり

工業高校発、製品開発によるイノベーションの方法論

山田啓次
Keiji Yamada

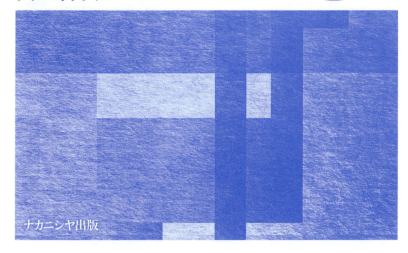

ナカニシヤ出版

まえがき

　社会の変化は加速度的に進み、とくに科学技術分野ではこれからの1年が20世紀の10年以上といわれ、10年前ではおおよそ考えられなかった空想が現実のものとなってきている。具体例で示すとパソコンは小型化が進んだばかりかキーボードもなくなり、今や個人が携帯する時代になった。3D画像のテレビも普通に売られている。1Lのガソリンで30 km も走る自動車も実用化した。その成果として人間の生活は快適になり続け、かつては想像もつかなかったものが、なくてはならないものになりつつある。

　これまでの科学技術の進歩は人間の機能を代替し拡張するものであった。たとえば自動車は「より速く」走ることにより、短い時間で「より遠く」へ行くために足を代替するものであった。フォークリフトは「より重い」ものをもつために腕を代替するものとして開発された。これらは産業の発展に寄与し人間の生活に豊かさをもたらした。

　しかし21世紀に入り代替されるものが革新的に変化した。それが脳の機能を代替するAI（人工知能）である。つまり頭から足まで、人間自体が代替されることが現実に起こりつつあるといえる。自動車の例でいえば足の代替に加え、目の代替、手の代替、頭脳の代替が加わり、運転席からハンドルやブレーキがなくなろうとしている。つまり運転席自体が不要になるということであり、運転手自身がAIに代替されるのである。このことは科学技術の大きな成果であるが、見方を変えれば労働者の排斥という問題も懸念されている。

　このように人間の代替が可能になる技術を発展させてきたのは、代替されようとしている人間自身であり、人間のもつ能力のうち「創造性」がそれを可能にし推進してきたことは間違いない。近年危惧されている人間の仕事が機械（AI）に取って代わられるという問題は、現実のものとなりつつあるが、

逆に新たな仕事が生み出されるのも事実であり、人間社会のあり方が技術の進歩と同様に加速度的に変化している。そのとき、やはり重要になるのが創造性である。創造性は変化を生み出す能力であるとともに、変化に対応する能力でもある。人類が未来永劫発展し続け、安心安全で快適な生活を続けるには個々の人間の創造性の伸長が必須条件である。

　本書は工業高校で実践したモノづくりの経験から得られた知見をもとに、創造性教育の方法論について記したものである。創造性表出の顕著な事例として、製品開発をテーマとした。つまり製品開発の方法論が創造性教育の方法論でもあると位置づけた。しかし、ここで得られた方法論は工業高校限定のモノではない。普通科高校、大学、中学校、あるいは企業にも当てはめることができる。なぜなら、本書で取り上げた製品開発は特殊な加工法や技術は必要ないからである。アメリカのデザイン会社、IDEO の製品開発の手法である「デザイン思考」が 21 世紀に入り注目を集めた。この手法は、企画・開発・設計・生産計画などの分業による、緻密で完成された設計に従い製品をつくるのではなく、人間の感性をもとにラピッド・プロトタイプ（完成度の低い即興的な試作品）をつくり、何度も試行錯誤しながら製品を完成させていくプロセスを踏むものである。工業高校で実践した製品開発を検証したところ、このデザイン思考によく似ている。さらに、教育現場で開発された方法は IDEO のデザイン思考に新たな知見を加えるものである。

　また、創造性教育を実践するには創造性の定義づけが不可欠である。そのため本書では、創造性とモノづくりの関係を科学的に検証した。研究者の間では、創造性の一定の共通な定義は難しいといわれており、多様な定義が唱えられている。本書では、恩田晃氏による「ある目的達成または新しい場面の問題解決に適したアイデアを生み出し、あるいは新しい社会的、文化的（個人的基準を含む）に価値あるものをつくり出す能力およびそれを基礎づける人格特性である」という定義を支持した。つまり、創造性は、能力の側面（創造力）とそれを基礎づける人格特性の側面（創造的人格）の二面構成としてとらえることができるという考え方である。本書ではこの考え方をもとに人格検査と創造性のアウトプットである創造物による創造性評価との関

係を調べ、一定の因果関係を見出した。これにもとづき創造性教育と製品開発教育の関係性を整理した。一般論として性格（人格）は教育で変えられるものではないというイメージがあると思うが、創造力（モノをつくる技術）は教育や訓練で向上できる。本書では創造力を増せば創造的人格も高まるという因果関係を心理統計的な手法を用いて明らかにした。つまり創造性はもって生まれた才能ではなく、教育によって高められるということである。

さらに、本書はイノベーション確定の方法論にも言及した。これまでのイノベーション研究が明らかにしたモデルは、シュンペーターを祖とする「足し算型イノベーション」や日本の経営学者の野中郁次郎氏が提唱する「暗黙知の表出型イノベーション」であった。本書では、それらと発想が逆で、しかも、少数の天才だけでなく、万人が試みることが可能で、一般教育効果の高い「割り算型イノベーション（分解のブレインストーミング）」を提唱する。すなわち、すでに意識されている困難を徹底的に意識し「困難の分解」をおこなうところが、前二者と逆の方向である。目的を達成するための困難を徹底的に分解し、小さな課題の集合に還元し、その個々の課題をあくまで科学の原理・法則にもとづいて解明し、目的を達成する方法である。

例えば、炭焼きが燃焼現象でないことに注視した発明や、アロマを低温度で実現しなければならないため気圧を工夫する研究など、困難を個々の科学基礎原理のレベルまで細かく分解し解決していくという方法である。

このことは、製品開発という行為が、元来あるレベルの専門知識を有した人材がおこなう分野であったことから、当然のこととして見落とされてきたプロセスを、再度確認する作業の重要性を示唆したものである。高校生という「経験」も「専門知識」も乏しい人材が製品開発を実現するためには、根本原理を理解し、ある意味これまでのセオリーを無視してゼロから考えることが必要不可欠であり、それが成功要因となっている。

本書で検証した製品開発例は環境機器の設計である。工業高校で開発し、社会的にも評価が高く、製品化されたものである。そのコンセプトや計画の策定について共通する知見が見出せた。本書で記した知見は、工業高校という狭い範囲での実践をもとにしているが、その内容を読んでいただければ工

業高校以外の場所でも応用できることが理解していただけるだろう。この知見がさまざまな場所での創造性教育において、また実際の製品開発の場において活用されれば幸いである。

目　　次

まえがき　*i*

第1章　はじめに ─────────────────── *1*
　　1．本書の目的　*1*
　　2．創造性の社会的背景　*2*
　　3．これまでの創造性教育　*15*
　　4．まとめ　*27*

第2章　高等学校における産業教育 ─────────── *29*
　　1．産業教育の概要　*29*
　　2．高等学校学習指導要領（工業編）の変遷　*32*
　　3．高等学校における創造性教育　*36*
　　4．工業高校モノづくり教育の積極的実践事例　*40*
　　5．モノづくりの成果と創造性教育　*58*
　　6．21世紀の産業教育イメージ　*60*
　　7．まとめ　*61*

第3章　工業高校における創造性教育と製品開発事例
　　　　　（工業高校モデル）───────────────── *63*
　　1．工業高校における創造性教育の理解　*63*
　　2．工業高校における製品開発の位置づけ　*66*
　　3．事例1 ── BDF（Bio Diesel Fuel）製造装置　*68*
　　4．事例2 ── 高速炭化炉　*79*
　　5．事例3 ── 減圧蒸留装置　*91*

　　　　　6．まとめ　　　106

第4章　中等教育で成功した製品開発スキーム
　　　　（工業高校モデル）————————————107
　　　　1．中等教育で成功した製品開発スキーム　　107
　　　　2．環境機器開発の成功条件　　120
　　　　3．中等教育における製品開発の考え方　　127

第5章　工業高校モデルと既存の理論との比較————135
　　　　1．製品開発の理解　　135
　　　　2．中等教育の製品開発スキーム——工業高校モデル　　143
　　　　3．大企業の製品開発スキーム——コンカレントモデル　　147
　　　　4．発明家を中心とした製品開発スキーム——発明家モデル　　153
　　　　5．チームを中心とした製品開発スキーム——IDEOモデル　　165
　　　　6．まとめ　　182

第6章　創造的人格の3因子モデルの構築————191
　　　　1．創造性の定義　　191
　　　　2．創造性の評価と信頼性　　193
　　　　3．創造性と人格　　203
　　　　4．コントロールされた実験室内での創造性の客観モデル
　　　　　（創造的人格の3因子モデル——BTCI：The Big Three
　　　　　Creativity Inventory）　　211

第7章　おわりに————————————215

参考文献一覧　219
謝辞　225
索引　227

第1章
はじめに

1．本書の目的

　グローバル化やICT化により既存の産業構造が激変し新しい業種が誕生する現代において、経済発展を継続させるには、新たなコンセプトを生み出し、無形の価値をビジネスに付加する創造的人材の育成が急務である。定型的製造現場はすでに途上国・中進国へと移転し、人工知能やロボットなどの発達がますます人間を代替していくなかで、これまでの暗記型の没個性的な教育ではなく、現実の材料を組み合わせて新しいものを創造していく「創造性教育」の重要性はますます高まっている。

　日本国内では、人口の一極集中が進み、2040年までに、全国896自治体が「消滅」するという試算が示されている（増田、2014）。これまで多くのイノベーションは都市において生まれてきた。そこで、世界的に多くの都市・地域が衰退する時代を迎えるなか、21世紀型の都市再生モデルとして、都市の究極の機能が創造性にあり、それを活発にすることにより都市を活性化するという「創造都市」モデルが重要となってきている。

　小長谷一之は創造都市を「創造的な産業」「創造的な空間」「創造的な人材」の3要素とその間の相互作用ととらえた（小長谷、2014）。また、「創造都市」という概念を用いて都市を活性化する具体的戦略として「空間の創造」「人の創造」「知の創造」「産業の創造」という四つのファクターを示した（小長谷・塩沢編、2007）。ここでも重視されているのが「人の創造」である。これは、創造的な人材をほかから集めるだけでなく、育て生み出すことも必要であるということである。

ところが、これまでの創造都市研究において、「創造的な産業」「創造的な空間（歴史的空間のリノベーションという意味において）」の研究は多くなされてきたにもかかわらず、「創造的な人材育成」すなわち創造性を育てる教育・学習の具体的研究は遅れている。たしかに、リチャード・フロリダの一連の著作（フロリダ、2007；2008；2009；2010）において、創造的階級（クリエイティブクラス）という創造性を発揮する人間の時代が中心となることが予測され、それは世界的に有名になったが、実際に創造的な人材を育成する教育方法論・実践論の研究は驚くほど遅れているのである。本来人材育成を学問的に研究しているはずの産業や教育の分野においても、「創造性」や「創造的な人材育成」の研究は決して主流ではない。

　筆者は、大阪府内の工業高校（中等教育）において長年勤務し、そこで、「課題研究」や課外活動を通じて、学生とともに実践し、これまでに10を超える発明に至った。特許などは基本的に公開して、実際に民間企業で実用化されているものも多い。その長年の経験の観察から、創造性教育において、受講する生徒には一定のパターンがあり、また受講後、多くの生徒が積極的な性格となり、そして発明・発見に至るプロセスには共通のパターンが多くみられることがわかった。

　そこで本書では、柔軟な創造力形成が期待できる中等教育段階に着眼し、中等教育機関における産業教育の中心的存在である工業高校に的を絞る。産業教育における創造性教育の現状と必要性を検証するとともに、創造性の定義づけをおこなう。そして、創造的人材の育成に向け創造性教育の実践的展開と成果から、産業教育論、経営学の知見を援用しながら、その方法論と有効性を明らかにすることを目的とする。

2．創造性の社会的背景

（1）産業構造の変化と産業教育

日本経済の現在位置

　日本経済の歩みにおいて、戦後復興期は目を見張るものがあった。さらに、

第1章　はじめに

　1950年代から1970年代にかけ、急速な工業化を通じて高度経済成長を達成した日本経済は、その後、サービス化、情報化をともないながら脱工業化が進んでいる。脱工業化社会では、社会の成熟にともない、物質的な豊かさだけでなく精神的な豊かさが重視され、企業には、柔軟で多様な付加価値の創造が要求されることとなった。

　しかし、バブル崩壊以降の日本は、これまで中心的な産業であった製造業の国際競争力が低下するなど、生産力の高い産業分野が雇用を削減する一方、生産力が停滞する分野が非正規雇用を増やし、人件費を抑制しながら事業を拡張する傾向が増すなど、雇用状況は厳しさを増した（厚生労働省、2012）。

　戦後、日本の産業構造は、経済成長にともない大きく変化してきた。国民総生産に占める産業の構成割合の推移をみると、第一次産業（農林漁業）の割合は、1955年の21.0％から2008年の1.6％まで継続して低下した。逆に第二次産業（鉱業、建設業、製造業）の割合は、1955年の36.8％から1970年には46.4％まで上昇した。一方、第三次産業（サービス業、卸売・小売業など）の割合は、1955年の42.2％から2008年には69.6％まで上昇し、逆に第二次産業の割合は2008年には28.8％まで低下した。

　日本は、1950年代後半以降、高度経済成長を経て急速に工業化が進展し、第二次産業の割合が大きく上昇したが、1970年代後半以降は、第二次産業の割合は徐々に低下し、かわって第三次産業の割合が高まった。

　以上のように経済発展と産業構造の変化とは関連している。このことは「産業ごとに賃金が異なる」というペティ（William Petty）の法則と、「豊かな国ほど農業を中心とした産業構造から、工業・サービス業を中心とした産業構造となる」というクラーク（Colin Grant Clark）の法則を掛け合わせた「ペティ＝クラークの法則」として有名であるが、日本の経済発展における産業シフトにおいてもこの法則が当てはまる。

　とはいえ、産業大分類からみると、日本では、製造業における国内総生産は大きな位置を占め、引き続き主要な役割を担っている。

　1955年には繊維・衣服が17.5％と高い割合を示していたが、その後、継続的に低下した。1960年代から1970年代はじめにかけては、鉄鋼、非鉄金

表 1-1　産業の構成割合の推移

(単位%)

年	第一次産業	第二次産業	第三次産業
1955	21	36.8	42.2
1960	13.8	43.9	42.3
1965	10.4	43.5	46.1
1970	6.4	46.4	47.2
1975	5.9	43.2	50.9
1980	3.8	40.1	56.1
1985	3.4	38.6	58.1
1990	2.6	38.9	58.5
1995	2	33.7	64.3
2000	1.9	31.9	66.2
2005	1.6	30.1	68.2
2008	1.6	28.8	69.6

資料出所：内閣府「国民経済計算」
(平成22年版 『労働経済の分析』より転載)
注：1）数値は、国内総生産のうち各産業が占める割合。
　　2）第一次産業は農林漁業、第二次産業は製造業＋鉱業＋建設業、第三次産業はその他として算出。

属、化学が高い割合を示し、一般機械や電気機械などの機械工業も急速に拡大した。1970年代後半以降は、鉄鋼等の割合が低下するなかで、一般機械や自動車などの輸送用機械、家電製品や半導体類の電気機械などの割合が高まり、とくに、1980年代後半から2000年代はじめにかけては電気機械、2000年代以降は輸送用機械が高い割合を示した。また、2000年代には、鉄鋼業や化学の割合の上昇がみられる。つまり、製造業内の中身も時代の状況にあわせながら変化してきた。

　一方、第三次産業における構成割合の推移は、1950年代半ばから1960年代半ばにかけて、卸売・小売業、不動産業の割合が上昇し、運輸・通信業も高い割合を示した。第二次産業の構成比が低下し始めた1970年代後半以降は、卸売・小売業や運輸・通信業の伸びも停滞し、サービス業が拡大してきた。第三次産業に占めるサービス業の割合は2008年には全体の3割を超え、

表 1-2 製造業の構成割合の推移

(単位%)

年	繊維・衣服	木材・紙パルプ	鉄鋼	非鉄金属	石油・石炭	化学	一般機械	電気機械	輸送機械	飲食料	その他
1955	17.5	8.2	9.6	7.4	1.9	11	4.6	3.7	5.5	17.9	12.6
1960	12.3	7.4	10.6	8.2	2.4	9.4	7.8	8.3	8.5	12.4	12.7
1965	10.3	7.4	9.1	8.6	2.8	9.5	7.8	7.8	9.7	12.5	14.5
1970	7.7	6.5	9.5	9.8	2.6	8	9.9	10.6	10.5	10.4	14.4
1975	6.8	6.1	8.9	8.2	5.9	8.2	8.3	8.5	11.6	11.9	15.5
1980	5.2	5.7	8.3	8.7	7.1	8.2	8.2	10.4	11.6	10.5	15.9
1985	4.6	4.3	6.6	7.4	4.8	7.7	9.1	15.3	13.5	11	15.7
1990	3.9	4.2	5.6	8.2	2.5	7.2	10.3	16.7	14.4	10.2	16.7
1995	3.2	4.2	4.6	8	2.5	7.6	9.8	17.8	14.3	11.3	16.9
2000	2.3	3.7	3.9	7.2	3.1	7.8	10	19.6	14.6	11.6	16.1
2005	1.5	3.3	5.7	7.1	4.5	8.3	10.6	16.6	18.1	10.9	13.4
2008	1.4	3.1	7.2	7.7	4.2	8.3	12	15.4	18.9	10.4	11.4

資料出所:内閣府「国民経済計算」(平成22年版『労働経済の分析』より転載)
注:1) 数値は、製造業出荷額に各製造業(中分類)が占める割合。
2) 飲食料とは、食料品製造業と飲料・たばこ・飼料製造業を合算したもの。
3) 繊維・衣服とは、繊維工業と衣服・その他の繊維製品製造業を合算したもの。
4) 電気機械は2002年から電気機械器具製造業、情報通信機械器具製造業、電子部品・デバイス製造業に分割されたが、ここでは合算している。
5) 一般機械は2008年は、はん用機械器具製造業、生産用機械器具製造業、業務用機械器具製造業の計。
6) その他産業分類改訂により厳密には接続しない。

35.9%となった。

　産業構造の変化は産業の大分類によるものだけではない。企業活動の形態における変化も顕著である。従来の日本の産業構造は「最終メーカー」を頂点としたピラミッド型のサプライヤーシステムである。「最終メーカー」の下部には多数の「部品メーカー」があり、さらに「部品メーカー」の下部にはさらに多数の「素材メーカー」がある。

　このような垂直的な分業構造は長期継続的な取引をともない、多くの場合、資本的、人的関係をともなうような企業間関係を築いた。

　たしかに、バブル崩壊以降、景気の長期低迷を受け、このような日本的産業構造は批判されることもあるが、しかし、このような日本的経営が必ずしも悪いわけではない。近能善範は、1990年代半ばまでは日本的経営は世界の賞賛の的であり「トヨタ生産方式」やQCサークル、「コンカレント・エンジ

表1-3 第三次産業の構成割合の推移

(単位%)

年	卸売・小売業	運輸・通信業	サービス業	不動産業	金融・保険業	電気・ガス・水道業
1955	26.7	18.2	25.2	13.9	10.1	5.9
1960	28.9	18.4	18.7	18.9	8.8	6.3
1965	28.8	17.2	17.9	19.6	10.3	6.2
1970	31.7	15.2	21.3	17.8	9.4	4.7
1975	31	13.5	23	17.2	11	4.2
1980	28.7	12.1	27	17	10.1	5.1
1985	24.2	12.2	30.4	17.4	10	5.8
1990	24	11.9	29.1	17.7	12.7	4.6
1995	25.4	11.8	29.6	18	10.7	4.5
2000	22.8	11.2	33.1	18.7	9.8	4.4
2005	21.8	10.6	33.9	18.9	11	3.8
2008	21.9	10.7	35.9	19.4	9.2	2.8

資料出所：内閣府「国民経済計算」（平成22年版『労働経済の分析』より転載）
注：数値は第三次産業のGDPに各産業が占める割合。

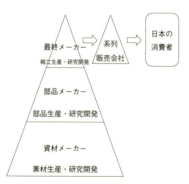

図1-1 ピラミッド型産業構造
出所：筆者作成

ニアリング（同時並行型の開発方式）」など、欧米企業が日本企業のやり方を、熱心に学んで取り入れたケースも多く、なかには「シックスシグマ」や「ISO9000シリーズ」、「サプライチェーンマネジメント」のように、もともとは欧米企業が日本企業のやり方に学んだものが、そのロジックの本質部分

が整理・概念化・抽象化されて、新たな経営改善のツールとして逆輸入されていると指摘する（近能、2004）。

当然のことではあるが、日本的経営にも評価すべき点とそうでない点が備わっている。その時代の環境や経済状況に適合するように形を変えながら新たなスタイルを構築していく必要があるのである。

日本にとって大切なこと
しかし、こうした日本式のやり方も、近年の急速なグローバル化とICT化によって、より難しくなっていることはいわずもがなである。また、産業の空洞化をはじめ、国際競争力の低下、GDPの低下、雇用問題、公的債務の増大など日本経済はさまざまな課題を抱えている。今後、国内では少子高齢化やエネルギー問題、海外では環太平洋戦略的経済連携協定（Trans-Pacific Strategic Economic Partnership Agreement：TPP）や新興国のさらなる台頭により、これまで以上に難しい状況が続くことが予想される。

日本が経済発展を続けるには、国の施策だけに頼るのではなく、地域や企業といった小規模な集団においても改革が必要であることは論をまたない。国を活性化するには、国を形成する都市や企業を活性化させることから始めなければならない。都市や地域を活性化させるには地域経済の発展が不可欠であり、企業や地域社会の「創造性」を高め、これまでにない新しい商品やサービスを開発する「価値創造」が必要である。これらを実現するためには技術に立脚する事業をおこなう企業・組織が、持続的発展のために、技術がもつ可能性を見極めて事業に結びつけ、経済的価値を創出していくMOT（技術経営）のような新たな視点が必要であり、イノベーションを支える「創造的な産業人材の育成」が必要である。

中等教育における産業教育の重要性
これまで、産業人材の育成については、100年を超える歴史をもつ、中等教育における工業教育が大きな役割を果たしてきたといえる。

筆者は1984年以来、三つの工業高校と関わってきた。

そもそも、工業高校の始まりは1899年に公布された「実業学校令」と「工業学校規定」による実業学校である。戦後、1948年の新制高校発足と同時にそれまでの実業学校の後継として高等学校工業科が設置された。このため、創立100年を迎える工業高校が数多く存在する。

工業高校の隆盛期は高度経済成長期中盤の1970年である。工業高校在校者数は56万5000人を数え、日本の全高校生に占める割合は13.4％であった。発足以来、工業高校からは技術立国日本を支える数多くの中堅技術者が輩出され、日本経済の発展に大きく寄与してきたことは間違いない。

1960年代中頃から始まった高度経済成長時代は1970年代中頃には一段落したものの、1980年代には、日本の製造業は、大量生産による低コストと徹底した生産管理による高品質を武器に競争力の高い製品を世界に送り出し、日本経済は安定して成長を続けてきた。国内外で「モノづくり大国」のイメージが定着し、高等教育機関では理工系学部が人気を博した。この頃の高卒就職者比率は約50％で雇用の中心は製造業であった。とくに自動車や精密機械などの労働力集約型の加工組立型産業が堅調で、製造業における求人は活況であった。それゆえ、工業高校卒業者の就職状況もよく、つねに求人倍率は高かった（石田、2011）。

その後、バブル経済へと突入し、バブルが崩壊したあと、「失われた20年」という時代を経験したが、それでも工業高校新卒者の求人倍率は高く、景気が低迷しても工業高校の人気に陰りはみられなかった。

中等教育における産業教育の現在と課題①――変化に対応しない

一方、前述のように、この40年、社会経済や産業構造は大きく様変わりした。先進国においては第二次産業から第三次産業への転換が起こった。明石芳彦は、この変化はイギリスでは1970年代、アメリカでは1980年代から始まり、日本では1990年以降、産業構造が転換したと述べている（明石、2002）。端的にいえば製造業が下火になり、サービス業が伸びてきたのである。それまで活況であった労働力集約型の加工組立型産業は、競争優位の観点から労働力の安価な中国・アジアへ移転、製造工場をもたないファブレス企業

も現れ始めた。

ただし、知識集約型の基礎素材型産業は日本に残った。1990年代はコンピュータ技術の発達とともにICT産業が発展し、さらに流通技術も発達したことから経済のグローバル化は大きく進展し、産業構造の転換は世界規模で発生したといえる。

他方、中等教育における産業教育の代表的存在である工業高校はどう変わっただろうか。工業高校の代表的な学科である機械系学科においては、加工技術の中心は旋盤・フライス盤による切削技能、ガスや電気による溶接技能である。現在も40年前の機械設備が現役であることは珍しくない。コンピュータの自動制御によるCNC旋盤やMC（マシニングセンター）、レーザー加工機なども導入されたが、高度な機械は熟練にも時間を要し、また、高価であることから1人ないし2人で1台のマシンを独占することはできない。そのためカリキュラムに編成された実習だけでは、生徒が単独でオペレーションするだけの技術は身につけられない。必然的に、それらのハイテク機械の原理を学べる汎用旋盤・汎用フライス盤の実習に多くの時間が割かれている。

また、もう一つの中心的な学科である電気系学科では、計測機器による電圧・電流・抵抗・電力の測定や電気工事の実習、電子工作が主流である。どちらも図面はCADで製作するようになり、コンピュータを扱う実習時間は増加した。しかし、主には摸写であり、創作的な図面ではない。

つまり、工業高校のカリキュラムの本質は40年前の内容とほとんど変わっていない。むしろ進学対応やゆとり教育により、カリキュラム上の履修時間は大幅に削減されたことから、産業教育のレベルは低下したといえる。

さらに、1980年代以降における高校進学率の上昇や、大学進学指向の高まりによる普通科進学志向により、工業高校入学者の学力は低下し、不本意入学者も増加することとなった。また、大学工学部卒業生の増加や海外への技術移転などが進んだ結果、それまで工業高校を卒業した中堅技術者が担っていた仕事が縮小したことも事実であり、高等学校における工業科の割合は低下している。

中等教育・産業教育の現在と課題②——問題を先送りにできなくなってきている

　それでも全高等学校の生徒数における工業科の生徒数の占める割合は、ここ20年ほどは約8～9％（2014年度636校25万8000人）で、著しい減少はしていない。そのため、現在でも工業高校の卒業生が社会で果たしている役割は大きく、社会の期待も大きいと考えられる。

　一方、産業構造の転換により製造業従事者に求められる力も大きく変わっているため、必然的に工業高校卒業生に求められる能力も変わっていると考えられる。それにもかかわらず、40年以上もカリキュラムが大きく変化していないことは問題といえよう。これらが看過されてきた背景には、不況の時代にあってもつねに就職率がよく、社会の要請に応えられているという誤認があったと考えられる。近年の高等教育機関への進学傾向においても同じことがうかがえる。少子化や学部の増設により、2000年頃から大学入試のハードルがきわめて低くなった。このことは、すべての受験生が希望する大学や学部に入れるわけではなく、必ずしも受験競争がなくなったわけではないが、「大学全入時代」と呼称され、人気校に限定しなければ、取り立てて受験準備をしなくても希望者全員が進学できる状況を生んでいる。この状況は工業高校生にとっても同じであり、さらに工業高校枠入試を実施する大学も増え、工業高校は就職にも進学にも有利であるという状況が生まれた。また、近年、少子化による生徒数の減少や、総合学科の設置などにより、高等学校の統廃合や改編が全国各地で押し進められており、専門的な技術教育をおこなう工業高校はその規模が徐々に縮小されつつある。それにより卒業者数が減ったことも就職状況を有利にしてきた一因である。

　以上のように、サービス化や情報化という産業構造の変化により、中堅技術者の養成という工業高校のニーズは減少したが、工業高校の統廃合や、工業高校からの大学進学率の上昇により、入試状況、就職状況、進学状況は一見、安定しているようにみえる。しかし、その内容は大きく変化し、入学者の学力低下は著しく、それに比例して中途退学者の増加が社会問題化して久しい。就職においては、大手企業が高卒採用を中止する傾向にあるほか、中

堅技術者の雇用が減じたことから、工業高校卒業者の求人も技術者ではなく一般労働者としての需要が中心である。大学などへの進学の際には、学力試験を課さない多様な推薦入試がほとんどで、基礎学力を身につけないまま安易に進学した者は、大学の授業についていけない者も少なくない。このような観点からみれば、普通科教育よりコストがかかる産業教育において、真の成果を出せていないと考えられる。

　就職内定率、進学内定率では社会のニーズを満たしているかのようにみえるが、経済社会の視点に立てば、中等教育における産業教育こそイノベーションを必要としている。

（2）イノベーションにおける創造性教育の役割

イノベーション論

　1980年代以降、「イノベーション」という言葉がビジネス書や経営の分野で頻繁に見受けられるようになった。日本では1985年、ドラッカー（P. F. Drucker）の『イノベーションと企業家精神』が出版されたことが、その知名度を高めたとされる。

　しかしそもそもイノベーションは、当時においても新しい概念ではなかった。例えば、経済学者のシュンペーター（J. A. Shumpeter）は類似概念を今から約80年前に提唱しており、それは、経済発展のための「新結合」という言葉によって、非連続的な生産あるいは商業における変化を示したものである。具体的には以下の5分類に示されている（シュムペーター、1977）。

　①新しい財貨、すなわち消費者の間でまだ知られていない財貨、あるいは新しい品質の財貨の生産。
　②新しい生産方法、すなわち当該産業部門において実際上未知な生産方法の導入。これは決して科学的に新しい発見にもとづく必要はなく、また商品の商業的取り扱いに関する新しい方法をも含んでいる。
　③新しい販路の開拓、すなわち当該国の当該産業部門が従来参加していなかった市場の開拓。ただしこの市場が既存のものであるかどうかは

問わない。
④原料あるいは半製品の新しい供給源の獲得。この場合においても、この供給源が既存のものであるか——単に見逃されていたのか、その獲得が不可能とみなされていたのかを問わず——あるいははじめてつくり出さねばならないかは問わない。
⑤新しい組織の実現、すなわち独占的地位（たとえばトラスト化による）の形成あるいは独占の打破。

　横田理恵は、昨今イノベーションに注目が集まるのは、現状に甘んじてはならず、これまでの前提を覆さなければならないという危機感が背景にあると指摘する（横田、2011）。そういう意味では、イノベーションは、1980年代より、グローバリゼーションが進む変化の激しい現在において、より精彩を放つ概念といえよう。
　上述のようにシュンペーターの示したイノベーションは、価値、生産方法、販路、原料調達、組織といった幅広い分野に及ぶが、日本においては長年、「技術革新」という狭義の意味でとらえられてきた。これはイノベーションを日本ではじめて紹介したのが1956（昭和31）年の『経済白書』であり、そこで「技術革新」と訳されたことに端を発する（徐、2009）。
　当時は戦後の復興が進み、技術立国や電子立国としてアメリカに追いつくことを目標としていた時代であり、技術的な革新がクローズアップされたであろうことは理解できるが、本来の意味からすれば随分狭小な理解であった。近年は、技術革新のみならず、経営に関わるトータルな革新を求められることから、本来の意味に近い広義のものとなっている。イノベーションの定義も多角的な視点でとらえられ、多様な解釈がおこなわれるようになった。
　また、イノベーションは変革のプロセスと結果であるが、徐方啓は、変革の難しさと社会的影響からいえば、レベルにより階層化されていると指摘する（徐、2009）。
　まず、第一段階はプロダクトのイノベーションである。個人または企業がつくっている製品をよりよくするためにおこなった改革である。例えば、品

質の改善、機能の向上、コストの削減、納期の短縮などである。

　第二段階はプロセスのイノベーションである。製品またはサービスをよりよい方法でつくる、または提供するための製造工程や生産方式、サービスの提供方法の変革である。在庫の無駄を劇的に減らした「ジャスト・イン・タイム」や、コンビニエンス・ストアに公共料金の支払いやATMを設置して顧客の利便性を高めたことなどもプロセスのイノベーションであろう。

　第三段階はビジネスのイノベーションである。これは、製造業またはサービス業そのものに変化をもたらすものである。例えば、従来のトラック輸送ビジネスモデルでは企業間で大口の輸送をする企業間取引（B to B）であった。しかし、宅急便というビジネスモデルは企業と個人（B to C）や、個人と個人（C to C）をつなぐビジネスの発想をもたらし、従来にはない形で消費者ニーズを掘り起こした。

　最後は、第四段階の社会のイノベーションである。これは、社会全体に影響を与える変革である。社会保障制度や教育制度の変革は、前述の三つよりはるかに困難で影響も大きい。中国の経済改革や旧ソ連のペレストロイカは、まさに社会のイノベーションである。しかし、この階層には順番性はないという。あくまでレベルによる分別であり、このことからもわかるようにイノベーションの幅は限りなく広いということである。

　イノベーションを最初に定義したシュンペーターは、「非連続な生産あるいは商業における変化」としてイノベーションによって「破壊的創造」が起こり経済が活性化されると説いた。

　しかし、明石芳彦は、技術変化の多くの事例を検討した結果、むしろ製品や製法の部分的で持続的な改良、すなわち漸進的改良と呼ばれるものの重要性がいまや広く認められていると指摘する（明石、2002）。画期的イノベーションは目にみえる大きな変革であるが、一見、不連続にしかみえない。しかし漸進的改良型イノベーションは、市場ニーズへの適用と技術的課題の解決に関する具体的な小変化が連続的に生じていて、それらを克服しないと技術の広範囲な適用や普及に結びつかない種類の持続的な技術変化であるとする。つまり、画期的イノベーションの狭間には漸進的改良型イノベーションが連

続して続いていると考えられる。
　以上のように、イノベーションの基本的な考え方には、場所や時代、対象や影響レベルによって多様なカテゴリーがあり、一概に言い表すことは難しい。しかし、「イノベーション」は概念化され、閉塞感の漂う経済社会の突破口として、さまざまなビジネス書や国家の指針を示す書物にまで多用されている。

イノベーションと創造性
　このようなイノベーションの源泉として挙げられるのが、創造力である。どちらも抽象的な概念で、一定の共通な定義づけが難しい。それゆえ、創造力とイノベーションを同等にとらえる研究者やコンサルタントも少なくない。
　レビット（Theodore LeVitt）は、創造とは「新しいことを考え出す」ことであり、イノベーションとは「新しいことを行う」ことと主張した（レビット、2002）。さらに、今日、創造力にまつわる多くのトラブルは、アイデアをもつ人たちの多くが、自分の仕事はアイデアを提案した時点で終了するのであって、あとに続く煩わしい問題に対処して提案を実行に移す仕事は、自分以外の誰かにまかせるべきだ、という考え方を抱いていることから起こると指摘している。
　つまり、創造力とイノベーションは同等ではないということである。たしかに、よいアイデアがあったとしても実行しなければイノベーションは起こらない。しかし、イノベーションは実行すべきアイデアを創出できなければ存在しない。よって、アイデアを創出する創造力も含めてイノベーション力といえるのではないだろうか。この文脈でとらえるならばイノベーションの源泉は創造力であり、イノベーションが実行力という行動形態を示す人間性であるならば、創造力をもつ人間の特性という意味では、イノベーションの源泉は創造性だといえる。こうして、創造性教育の必要性は、イノベーションの源泉であるという意味から、学習指導要領（文部科学省）にも明記されている。
　しかし、奥出直人は、経営学の立場から、「管理工学の影響を受けたマネ

ジメントの専門家は多くいるが、イノベーションの専門家は育っていない」
とし、「イノベーションを研究する学者は多いが、イノベーションを実践する人はあまりいない。イノベーションの結果分析はあっても、イノベーションを生みだす方法については殆どないだろう。作るという経験を経ないでイノベーションの専門家にはなれないからだ」と指摘している（奥出、2012）。

創造性は一部の人間や限られた場所でのみ起こるものではない。教育でも同じことがいえるのではないだろうか。本書では、工業高校というフィールドでおこなわれた実践をもとに、産業教育における創造性を定義し、創造性を高める効果的な教育方法に言及し、さらにそれらが、（製品開発の萌芽という意味で）イノベーションの源泉となりえるのかについて考察していく。

3．これまでの創造性教育

（1）創造性研究の変遷

近年、創造性研究は、自然科学、心理学、経営学、教育学、文学などあらゆる分野に広がりをみせており、学際的な分野でも活発に議論されている。創造性研究は、創造性研究がとくに進んだとされるのは、1950年、ギルフォード（Joy Paul Guilford）がアメリカ心理学会会長就任講演において、創造性がもつ重要性にもかかわらず、創造性研究がきわめて少ないことを指摘し、研究の方向性を示したことによるといわれている（矢野ほか、2002）。

それ以前の創造性研究では、いわゆる天才的活躍を示した歴史的人物の事例研究が中心であった。一例として、時代をさかのぼりガリレオやニュートン、コペルニクスやダーウィンなど、歴史上の大発見をした科学者や発明家の成育歴におけるエピソードをもとにIQ（知能指数）を推定し、パーソナリティとの関わりを追求するなどである。また、フロイトの精神分析の研究からヒントを得た、フランスの数学者ポアンカレ（J. H. Poincare）によるインスピレーションの研究も、創造性研究においては大きな影響を与えた（徐、2009）。

日本においても1950年以前の創造性研究では黒田亮の『勘の研究』（1933

年）や波多野完治の『創作心理学』(1938年)、三木清の『構想力の論理』(1939年）などの著作が挙げられる。

時代区分

　穐山貞登は、創造性活動の研究は古代ギリシャにもあるとしながらも、20世紀以降の動向を次の四つに区分している（穐山、1975）。

【穐山の区分】
① 1901年から1949年まで
　　フロイトの精神分析学の研究からポアンカレのインスピレーションについての省察、ウェルハイマーの生産的思考の研究などがなされた時期である。30年代末から日本でも波多野完治、三木清、板倉善高などの著作があり、徐々に研究の広がりをみせている。その焦点は、創造性研究が、人間の思考活動についての研究のあり方にあることがはっきりしてきた。
② 1965年まで
　　ギルフォードの因子分析による創造性の研究が発表され、創造的科学才能識別に関するユタ会議が開催された時期である。マンパワー政策と教育改革の動向にともない、今日の創造性研究の分野と課題が世界的に成立するに至った。
③ 1979年まで
　　アメリカにおける創造性研究が日本でも紹介され、創造性の概論に関する文献が、量的に拡大された時期である。心理学、生理学、経営学、教育学、工学などの分野で創造性研究が認められるようになった。日本創造学会が発足したのもこの時期である。
④ 1980年以降
　　新たな動きをつくり出す時期である。すでに創造性は新奇なものではなくなっている。

この続きとして柴山盛生は 1990 年以降までについてまとめている（柴山、2002）。

【柴山の追加した区分】
⑤ 1989 年まで
　　日本創造学会などから研究成果が発表されたが、それまでの研究の成果を広く解説する文献が出版された。研究の背景として、国際化や情報化の進展により個性を育てる必要性が叫ばれた時期であり、そのための研究が求められた。
⑥ 1990 年以降
　　関連分野の進展とともに、測定機器の進歩、生理学研究の成果の導入により、脳認知科学や脳研究の成果が創造性に関する知見を拡大している時期である。また、日本経済の停滞とともに、創造力による新たな分野への展開を期待する経営管理や科学技術分野での研究が進められている。

筆者は、さらにこの続きを以下のようにまとめたい。

【筆者の追加した区分】
⑦ 2000 年以降
　　創造性はプロセス、パーソナリティ、環境（場）、創作物からなるという、四つの研究アプローチがより際立ってきたと思われる。創造性は天性のものではなく訓練によって高められるという認識のもと、ビジネス分野や教育現場において訓練や教育による実践的研究が盛んになってきた。

創造性への現在的アプローチ
　さて、1950 年以降、アメリカでは、創造性への現在的アプローチが始まったといえる。

ギルフォードが発表した因子分析による知能の多因子説では、「知的操作」として5種類、知的活動の結果として生み出される「知的所産」として6種類、知的操作の対象やその素材となる「知的内容」として4種類の基軸が挙げられており、「知的操作・知的所産・知的内容」の三軸からなる立体的構造としてこれらを組み合わせた120もの因子による知能研究の理論モデルが定義された（Guilford, 1967）。
　ギルフォードは人間の知能を構成する因子として創造性を重要視し、「創造性検査（性格検査）」を開発した。創造性を構成する因子としては、「問題への敏感さ」「流暢性」「柔軟性」「独自性（非凡さ）」「綿密さ」「再定義（再構成能力）」の六つとしている。
　また、トーランス（E. P. Torrance）は、ギルフォードの理論をもとに『トーランス式創造性思考テスト（Torrance Tests of Creative Thinking）』を開発した。これらの創造性テストにより創造性の客観的定量化が可能になったため、科学的アプローチによる定量的な研究が一気に進んだと推察される（トーランス、1966）。
　また、創造性を理解するため、創造性を類型に分ける取り組みもされている。マズロー（A. H. Maslow）は、創造性を「特別才能の創造性」と「自己実現の創造性」に分けている（マズロー、1972）。
　「特別才能の創造性」は、偉大な才能や天才的能力をもった詩人、作曲家、発明家、芸術家等のごく一部の限られた人が発揮する創造性である。例えばピカソ、モーツアルト、エジソンなどがそれに当たり、彼らの生み出したものは社会的・歴史的に大きな影響を与えた。これに対して「自己実現の創造性」は、誰でも普遍的に備えているものとされる。
　マズローは、「特別才能の創造性」は、天才と呼ばれる人たちが、なにかわれわれには理解できない能力を示し、あらゆる証拠からみて生まれながらにしてもっているようだと指摘している。つまり、「特別才能の創造性」は一部の人間だけが生まれながらにしてもっているもので、「自己実現の創造性」の延長上にあるのではないと主張している。
　これに対し、アマベル（T. M. Amabile）は、明確な実証例はないとしながら

も「偉大な創造性」と「一般の創造性」には連続性があると主張している。ちなみに「偉大な創造性」と「特別才能の創造性」および、「一般の創造性」と「自己実現の創造性」はその主張から同義と考えられる（Amabile, 1996）。

　本書は、中等教育において、いかに創造性を高めイノベーション人材を育てるか、をテーマとしていることから、経営学的視点に立ちながらも創造性教育の方法論を研究するものである。本研究は誰もが発揮できる日常的な発明をテーマとするので、「自己実現の創造性」「一般の創造性」を主として取り扱うが、「特別才能の創造性」または「偉大な創造性」が前者の延長上にあるのであれば、その延長線も今後は考えるべきであろう。また、この延長線が途切れるのであれば、どこでどのように途切れるかということにも議論の余地がある。

　「創造性研究」は 1950 年以降、60 年あまり経つなかで、議論の場を拡大すると当時にアプローチの方法も拡大してきた。1990 年代以降は、ハンドブックも複数出版され、蓄積も相当存在する。矢野正晴らはわが国で創造性が必要とされる分野は、科学、芸術、経営・管理、教育が主なものであるとしているが、それらの分野でも定義は必ずしも確定しておらず、人によって異なった視点をもつため、どのような文脈に沿って創造性があるとするのか判断が難しいと指摘している（矢野ほか、2002）。半世紀を超える議論を経ても、創造性の理解は一定の決着をみないのである。

　とはいえ、研究を進めるにあたり、少なくとも、目的とする創造性を定義する必要がある。そこで本書における創造性の定義については、本書第 6 章で議論を深めるものとする。

（2）創造性教育の実践研究

　創造性の研究は、理論研究と実践研究の二つに大別できる。理論研究は蓄積が多いが、実践研究はそれほど多くない。

　日本のもっとも有名な論文検索サイトである CiNii（NII 学術情報ナビゲータ「サイニィ」）は、論文、図書・雑誌や博士論文などを検索できるデータベース・サービスである。CiNii で「創造性教育」というキーワードで検索す

ると301件ヒットする（2015年9月9日検索）。そのうち最新のものから100編（2007年3月以降の文献）を筆者が調査したところ、被験者に対する創造性教育の結果を考察した文献のうち、大学生を対象にしたものが45件、高等専門学校等（以下、高専とする）を対象にしたものが17件、中等学校を対象としたものが1件、小学校を対象としたものが3件であった。その他34件は文献調査による理論研究などである。ちなみに大学生と高専生を対象としたものの内訳はほとんど工学部であった。

　このように、創造性の実践的研究においては高等教育機関を対象としたものが圧倒的に多い。これは他校種で創造性研究がなされていないということではない。研究者による理論化や論文化がなされていないということである。教育委員会や校内の報告書レベルでは、学術的な評価はなされないため、CiNiiのような論文検索サイトでは掲載されないのであろう。

　しかし、実際に小中高等学校の研究会では、創造性教育カテゴリーに入る内容の実践が数多くなされ、個々に報告されている。このことは、中等教育における創造性教育があまり理論化されていないということであり、創造性の定義や評価法が曖昧であることがその一因ではないかと推察できる。

　さて、大学・高専での研究成果において、創造性の評価はどうなっているだろうか。評価については詳細に書かれていないものも多数見受けられ、創造性教育というテーマを掲げながら、創造性の定義づけをしていないものも多い。また、被験者の受講態度や評価者個人の感想をもって主観的に創造性を評価しているものも少なくない。

　長尾祐樹らは、情報工学科の授業で、ロボットカーの組立およびプログラミングを利用して創造性の評価の枠組みを示している。授業の枠組みとしてモデリングを「機能仕様書」「詳細仕様書」「関連記述書」という三つの段階に分け、モデル化するものである。これにより完成されたモデルの客観的評価として「機能数」「オリジナル機能の導入」「無駄な関連線の有無」「新しい機能、方法の導入」「イメージの詳細化」「配布サンプルとの類似」の六つの評価項目を提案している（長尾ほか、2008）。

　これは、創造物であるモデルの客観的評価という意味合いでは優れている。

しかし、評価は単一的で、複数の要素が融合することによる創造性の評価が含まれないことが問題である。

さらに、この枠組みでは、「多機能であること」が創造性が高いという評価になるが、例えば「シンプルさ」というような人間の感性的な評価ができない。やはり、創造性の定義の問題はここでも影響する。

上記の例は、比較的短時間の実験による創造性の効果を測ったものだが、数は少ないながら「モノづくり」を中心にした創造性教育の効果について時間をおいて検討した研究もある。

近年、ICT技術がきわめて速い速度で発展したことにより、ハードウェアとソフトウェアをつなぐ技術やヒューマンインターフェイスの発展には目覚ましいものがある。これにより、技術レベルにおけるハードルは下がり、パーツ自体の価格も下がった。教育用に開発されたワンボードコンピュータは数千円というレベルである。

また、教材メーカーや玩具メーカーからは、ワンボードマイコンを利用したロボット教材が多数発売されている。現在では、ロボット技術は専門家だけのものではなくなり、一般の大学生や中学高校生でも扱えるようになった。これらによりロボットを教材に取り入れる教育機関が増えてきている。

しかし、ロボットを題材とする教育プログラムは実践されているが、その教育効果を客観的に論じることは難しい。先行研究では、その方法として授業終了時や卒業時にアンケート調査をおこなうものが見受けられるが、遠藤玄らは、授業を通して有用な知識を得たあるいは有用な体験をしたと思っていても、それが一過性のもので短期記憶として忘れ去られてしまうかもしれないと指摘する（遠藤ほか、2013）。

遠藤らの研究では、ロボットコンテストによる創造性教育の効果を17年前の学生と現役学生とで比較検討した。教育プログラムの内容は、与えられた課題に対し4〜5名のチームで1年かけてロボットを製作し、発表するものである。その結果、現役学生のアンケートからは「自分自身で今までに創造性が発揮できたと思われることがあったか？」という質問に対し、「創造性が発揮できたことがある」と答えた学生は17年前と比較して19%から

56％になり、その割合は大幅に増加したという。

また、「機械創造」（講義名）のなかで体験した具体例を聞いたところ、「企画段階のアイデア、機構構造の具体的設計、電気回路やプログラミングにおける問題の解決策の提案など、多種多様な具体例が挙げられた」ことから、この講義が創造性発揮の機会を創出したと推測している。

さらに卒業生への質問では、「講義の楽しさ」「講義の面白さ」「講義の大変さ」を聞いており、製作には多くの苦労があり決して楽ではなかったが、それを上回る楽しさや充実感、有用な経験を多くの学生が得たとしており、この講義の取り組みが賛同を得ているとしている。

たしかに、この研究において、アンケートの結果からみて受講生の評価は高い。よい経験になったことも職業遂行においても効果があるといえることにも異論はない。しかし、創造性教育として、創造性が高まったといえるかどうかに関しては疑義が残る。「アイデアの発想提案の量＝創造性」ととらえているが、アイデアの発想は創造性の一部分でしかないのではないだろうか。

また、被験者の体験に対する感想による評価はやや客観性を欠く部分があるように思われる。そもそも創造性の定義づけが明確におこなわれないと、評価者の主観で評価することになる。そういう意味では創造性の定義が曖昧であり、きちんと定義づけしたうえで、どのような効果を測るのかということが、言及されなければならないのではないか。

(3) 製品開発スキーム——イノベーションの方法論

すでに述べたように、日本の産業構造は1990年以降に大きく変化し、つくれば売れるという時代は終焉した。それまで、日本の製造業におけるスキームは世界で称賛され、各国がこぞって日本企業を研究した。トヨタの「ジャスト・イン・タイム」が代表例であるが、これについては現在も賛否両論が存在する。

2000年以降は、アメリカのデザイン・ファームであるIDEOの製品開発モデルである「デザイン思考」が注目を集めている。デザイン思考は、イノ

ベーションを生み出す有力な方法論として現在も研究され続けている。これは、本書においても重要なテーマなので、以下に解説しておきたい。

「デザイン思考」とは、人間を中心に考えたデザインにもとづき、革新的なものをつくりあげるための発想法である。デザイン思考は「デザイン」という言葉を含むが、いわゆるものの形状を変えることにより、見栄えをよくして売れ行きに貢献するというような、いわば美術的なものではない。むしろ狭義の「デザイナー」以外の部分において、発想のアプローチをする手法である。デザイナーは、デザインをするとき、どのように考え、どう判断しているのかということについて、デザイン思考は、ブラックボックスとされていたデザイナーの思考過程を汎用的に手法化したものである（奥出、2007）。

「デザイン思考」は、アメリカのコンサルティング・ファーム「IDEO（アイディオ）社」が自社のアプローチを概念化したものである。実際、デザイン思考と銘打った書物にはIDEOの記述が必ずみつかる。デザイン思考という言葉自体をつくったわけではないが、この言葉を世界に広め、デザイン思考のスキームを確立させたのはIDEOだといって間違いないだろう。

IDEOのCEOであるブラウンは、デザイン思考は、「デザイナーの感性と手法を用いて、人々のニーズと技術の力をとりもつ」領域を専門とし、「実行可能なビジネス戦略に、デザイナーの感性と手法を用いて、顧客価値と市場機会の創出を図る」ものと理解されると主張する（Brown, 2008）。さらにブラウンはデザイン「力」の修得について以下のように述べている。

「デザイン」は直訳すれば「設計」である。「設計」としての「デザイン」は、学ぶことができるスキルであり、過去の知識の蓄積を受け継ぐことができる。そういう意味では、「デザイナー」は、天性のセンスや能力をもった人間だけの専売特許ではない。

たしかに、社会生活を営むなかで身につけた知識や経験、デザイナー的なノウハウを、自然と感じ取り、必要な素養を会得している人間がいることも否定はできないし、論理的な考え方や、細かいところに気を配り、イメージにあうまで何度も修正することを面倒だと思わない性格であるなど、意識しなくても高い適性を示す人間の存在は否定できない。

しかし、目に映るあらゆることに興味を示し、疑問をもち、質問するのもデザインに必要な素養である。愚直な質問を躊躇せず突き詰めることが本質を突いたり、思いもしなかったような質問が新たな課題を引き出したりするものである。それは、特別な人間の特別な能力とはいえない。創造的な人間は、目の前に課題や問題を発見した場合は、その課題や問題を「解く」ことに気持ちが向いてしまうものである。しかし実際には、その課題や問題の発端となる本質や原因をとらえることが課題解決には重要である。そのような技術を修練すれば、デザイン思考力は確実に高められる。

　また、奥出直人は、「デザイン思考は顧客を発見し、その顧客を満足させるために何を作ればいいか、つまりコンセプトを生み出し、そのコンセプトをどうやって作るのか、さらには顧客にどのように販売するのかまでを考えるビジネス思考の方法である」と、より具体的な定義をおこなっている（奥出、2012）。簡潔にいえば、「観察から洞察を得て、仮説を作り、……それを検証し、試行錯誤を繰り返して改善を重ねながらモノ（製品／サービス）を創り出す」創造的なプロセスである。「デザイン思考」という呼び名は、「人」「現場」に注目し、観察を通じて、人々の行動や思考、コンテクストをありのままに理解することから始まるところが、デザイナーの思考と似ているところからであるという。

　紺野登は、「デザイン思考とは顧客と主客一体となった「場」で、直観を活かして相互作用的に個別具体の諸要素の関係性を創出し、それらの要素を時間・空間のなかにダイナミックに組織化（形骸化）していくプロセスである」と、より範囲を広げて論じている（紺野、2010）。さらにこのようなプロセスを経ながら、答えが数式や文字によって示されるのではなく、人間の情緒や身体に訴えかけるイメージや印象、アイデア、ビジョン、モデルや物語の形の個別解として生み出されると主張する。

　これは、分析的アプローチが、できるだけ客観的に情報を分析し、マニュアル的でデジタルな一般解を求めようとするのとは決定的に異なる。紺野の主張は個別解を求めることから、一見、製品開発に応用できないようにとらえられるかもしれないが、このことの積み重ねにより、潜在的なニーズを発

見し普遍性を見出すためのプロセスと考えられる。

　また、紺野は、デザインは直観的な思考であるとし、「人間は五感や直感を用いて、あてずっぽうでいろいろ感じたり行動したりするが、そこにはある種の推論が介在する。それはデータ分析で出てくるような「仮定」思考レベルのものではなく、現場・現実の、特に人間や世の中の機徴をふまえた本質的でしばしば飛躍的な物事の把握」であると説明している。直感的思考は、演繹や帰納とは異なる形の思考である。これは、多くの研究者が指摘するように、「仮説における推論」というような、いわば不完全で不安定な思考過程である。

　この第三の推論法は「アブダクション（abduction）」と呼ばれ、古くはアリストテレスが『分析論前書』のなかで紹介した「アパゴーゲー」（apagoge：最良の説明となる推論）を、19世紀の哲学者にして論理学者チャールズ・サンダース・パースが英訳したものである（『DIAMONDハーバード・ビジネス・レビュー』2010年4月号を参照）。

　しかし、これまでにない新しいことを創出しようという立場に立つならば、そもそも、これまでの知見だけで完璧に理論化できるということは、これまでの域を越えないということであり、イノベーションには発展しないのだから、そのような分析的思考を乗り越えることは必然であるといえる。限られた情報のなかで最善の仮説を立て、それを実験により確信に変えてゆくというような作業がデザイン思考の本質ではないだろうか。

　とはいえ、製品開発の流れが大きく変わるというわけではない。製品開発といえば、企画やコンセプトの上流過程と、生産計画や部品調達という下流過程という枠組みは変わらない。各フェーズの進行順序や、フェーズにおけるファクター、情報収集の方法が変わるのである。大きく違うのは着眼点といえる。それは、製品自体を価値創造の対象とするのではなく、製品を、どの場面でどんなふうに使い、何を感じられるのか。つまり体験としての価値創造を重視するようになってきたということである。

　これは、先進国において、モノの飽和状態が続き、消費者が既存のモノには満足したため、その延長線上にあるモノには惹かれなくなったということ

が背景にある。しかし、そうなると既存のカテゴリーで勝負するのではなく、新しいカテゴリー、つまりこれまでにない画期的な製品や画期的な価値観を体験できるということが求められる。問題は、そのニーズは既存の製品開発では満たせなくなっているということである。また、日本が製造業で世界を席巻した時代のマーケティングでは、必要な情報を得られないということである。

　ここで、製品開発プロセスにおけるオーソドックスな流れを示したものに延岡健太郎の研究がある（延岡、2002）。製品開発とは、アイデア、技術、情報が徐々に実際の製品として具体化され完成されていくプロセスで、具体的には「製品企画」「設計開発」「試験・テスト・解析」「要素技術開発」「生産準備」「開発管理」などからなるとされる。このなかで「製品企画」「設計開発」「試験・テスト・解析」が製品開発の上流過程であり、日本が苦手とするとされている（奥出、2007）。

　本書では産業教育の範疇での製品開発を扱うため、この上流過程について論じるものとする。

　一方、発明は突き詰めれば個人の頭のなかで生まれるのであるが、組織となればチームで開発をおこなうのが一般的である。ただ、発明家という個人について焦点を当てるのか、チームに焦点を当てるのかで着眼点もかわってくるだろう。

　個人の発明家に焦点を当てた例として、エヴァン・I・シュワルツは、エジソン、スティーブンソン、ワットといった工業化社会の礎を築いた発明家から、スティーブ・ジョブズをはじめ21世紀に活躍中の発明家まで、数多くの発明家を調査するなかで、発明のプロセスに共通性があることを見出している（シュワルツ、2013）。

　これに対し、IDEOでは、チームに焦点を当てた製品開発プロセスを「デザイン思考」という思考法を体系化した。正確には、シュワルツが取り上げた発明家たちも、個人で製品開発をしていたわけではなく、チームで仕事をしていたのであるが、シュワルツの場合、リーダーとなる個人の資質が大きいと考えたと推察する。

ただし、これらの理論に共通する見解は、発明は一部の特別な才能をもった人間だけにできるものではなく、誰でも手法さえ身につければできるということである。

4．まとめ

　21世紀の都市が目指すべきあり方として都市が創造性を発揮する創造都市モデルがある。しかし創造都市は、創造的な産業、創造的な空間の研究は進んでいるが、創造的人材育成の研究は遅れている。フロリダは、「クリエイティブ・クラス」という用語で創造的人材を概念化しこれからの社会におけるその重要性を指摘したが、いかにすれば創造的な人材を育成できるか、その実践的研究は少ない。

　創造性は、停滞する日本の経済を救う鍵としても期待されている。しかし、創造性や、創造性が発現した現象を扱う類似の概念としてイノベーションがあるが、これらの研究はほとんどが大学を対象としたものである。

　いま、むしろ曲がり角にきている中等教育や産業教育において、創造性教育が重要となっている。そもそも産業教育は、かつて、工業立国日本を支えていたものであった。ところが、産業構造の変化とともに時代にあったものにする必要があるが、一定の就職率を確保しているので、改革は先送りとなっている。

　文科省は創造性教育を重視し、1989（平成元）年に高等教育指導要領改訂にともない新設された科目「課題研究」では、課題設定自体を生徒がおこない、必要に応じて多様な学習活動を展開することとなった。これにはいわゆる創造的な要素が含まれる。これは「総合的学習」やアクティブラーニングの流れと一致する。また、国民皆クリエイティブ・クラスというフロリダの考え、さらには特別な才能ではなくすべての人間が創造性を発揮できるという現代の創造性教育研究の立場からも正しい。

　本書では、筆者が大阪府内の工科高校（中等教育）において「課題研究」や課外活動を通じて、学生とともに実践し、これまでに10を超える発明に

至った経験をふまえ、産業教育における創造性の分析とそのプロセスのモデル化をおこなう。

第2章
高等学校における産業教育

1．産業教育の概要

　産業教育とは、産業従事者にとって必要な知識、技能、態度の習得を目的とする教育のことであるが、産業が、人々が生活するうえで必要とされるものを生み出したり、提供したりする経済活動であるなら、産業教育は、人間社会ができ生産の分業化がおこなわれた文明発祥の時代までさかのぼる営みといえよう。中世ヨーロッパの手工業ギルドにおいて、親方・職人・徒弟の3階層によって技能教育をおこなった徒弟制度や、わが国の年季奉公・丁稚などの制度も伝統的な産業教育といえる。

　日本における現在の産業教育が確立されたのは1951（昭和26）年、産業教育振興法が制定されたことによる。その目的は「産業教育がわが国の産業経済の発展及び国民生活の向上の基礎であることにかんがみ、教育基本法（平成十八年法律第百二十号）の精神に則り、産業教育を通じて勤労に対する正しい信念を確立し、産業技術を習得させるとともに工夫創造の能力を養い、もつて経済自立に貢献する有為な国民を育成するため、産業教育の振興を図ること」と示されている。また、この法律における「産業教育」とは、中学校（中等教育学校の前期課程および特別支援学校の中学部を含む。以下同じ）、高等学校（中等教育学校の後期課程および特別支援学校の高等部を含む。以下同じ）、大学または高等専門学校が、生徒または学生らに対して、農業、工業、商業、水産業その他の産業に従事するために必要な知識、技能および態度を習得させる目的をもっておこなう教育（家庭科教育を含む）をいう（産業教育振興法第1章第2条、2006年改正）。

以上のように、産業教育はきわめて広範にわたるものであるため、本書では、国家制度としてある一定の統一した施策が始まった明治後期以降から現代までの中等教育における産業教育に絞って取り扱うものとする。また、時代によっては「実業教育」や「職業教育」という呼称もあるが、本書では「産業教育」と呼ぶこととする。

　わが国で制度化された産業教育の始まりは、1899（明治32）年に公布された「実業学校令」と「工業学校規定」による実業学校である。実業学校の目的は「工業農業商業等の実業に従事する者に須要なる教育を為す」とされ、種類は工業学校・農業学校・商業学校・商船学校・実業補習学校とされた。戦後、1948年の新制高校発足と同時に、それまでの実業学校の後継として高等学校の工業科、農業科、商業科などが設置された。それぞれ一般的には工業高校、農業高校、商業高校と称する。これらを総称して実業高校あるいは職業高校ともいわれたが、現在は1995（平成7）年、「職業教育の活性化方策に関する調査研究会議」（文部省初等中等教育局長の私的な諮問機関）によって出された「スペシャリストへの道――職業教育の活性化方策に関する調査研究会議（最終報告）」により「専門高校」という総称が定着してきた。よって実業学校の流れをくむ専門高校は、創立100年を超えるという学校も少なくない。発足以来、専門高校からはわが国の産業経済を支える数多くの人材が輩出されその発展に寄与してきたことは紛れもない事実である。とくに工業高校からは技術立国日本を支える数多くの中堅技術者が輩出され、高度経済成長時代を経て日本は世界有数の工業大国となった。

　しかし、1980年代以降における高校進学率の上昇や、1990年代以降に「普通科からの大学進学指向」の高まりにより、工業高校入学者の学力はだんだん低下し、不本意入学者が増加することとなった。また、大学工学部卒業生の増加や海外への技術移転などが進んだ結果、それまで工業高校を卒業した中堅技術者が担っていた仕事が縮小したことも事実であり、高等学校における工業高校の割合は低下している。それでも、全国の高等学校の全生徒数における工業科の生徒数の占める割合は、ここ20年ほどは約8〜9％（2014年度636校25万8000人）で安定しており、著しい減少はしていない。そ

のため、現在でも工業高校の卒業生が社会で果たしている役割と期待は大きいと考えられる。

　ところがわが国は、1990年代から顕著になった産業構造の転換により、必然的に産業における労働者の役割は変化した。これにともない工業高校卒業生に求められる能力も変わってきたと考えられる。それにもかかわらず、工業高校の現場では40年以上前のカリキュラムを踏襲しているところが少なくない。このような状況が起こるのはなぜだろうか。

　一つには工業高校の「就職内定率ほぼ100％」というキャッチフレーズにみられるように、不況の時代にあってもつねに就職率がよく、企業の要請に応えられているという認識がある。これは近年の進学傾向においても同じことがいえる。少子化や学部の増設で大学定員は受験者数を上回った。大学を選ばなければ取り立てて受験準備をしなくても希望者全員が合格できる状況である。工業高校においても大学進学希望者のほとんどが、学力試験を課さない特別推薦かAO入試などにより「進学内定率ほぼ100％」である。この就職・進学の進路状況にかんがみて、工業高校の存在は社会のニーズに合致していると判断されているのではないだろうか。

　しかし、求人の内容をみればその本質がみえてくる。大手製造業は新規高卒採用を見送るところが増加し、職種をみても専門的な知識を必要とする技術職ではなく、一般作業のような職務が増えてきている。これは企業規模が大きくなるほど顕著になる。ある中堅製造業者の人事部長は、特別な知識をもたず日本に出稼ぎに来る外国人労働者でも対応できる作業が8割あるという。つまり、製造ラインの自動化や産業機械の発達により、特別な技術や技能の不要な一般作業の割合が増えているのである。しいていえば工業高校卒業生は作業服を着るのに抵抗がないとか、大きな声で挨拶ができるとか、スパナやレンチなど、工具の名前を知っているということが評価されている。しかしこれらは技術でも技能でもない。つまり、本来、産業教育のなかで重視されてきた技術・技能が評価の主体ではなくなってきたということである。

　このことは現役教員の発言からも見て取れる。「工業高校出身者は元気に挨拶ができて作業服や帽子をきっちと身につけることができることが企業で

高い評価を得ている」と宣伝するのである。製造作業に従事するということを考えれば、作業服を着こなすのは安全作業の見地からは当然のことである。挨拶はもっとも初期段階にあるコミュニケーションの手段であり、社会人として常識である。これが評価指標のようにいわれること自体が問題である。

2．高等学校学習指導要領（工業編）の変遷

　工業高校における教育課程は、普通高校と同様に、「高等学校学習指導要領」に規定されている。「高等学校学習指導要領」は、1951年の試案に始まり、1956年、1960年、1970年、1978年、1989年、1999年、2009年と約10年ごとに改訂されてきた（以下、その内容の変遷について山田・島田（2015）によって整理されたものをもとに説明する）。

　高等学校学習指導要領に示される各教科は大別して、普通教科と専門教科に分けられる。専門教科とは、主として専門学科において開設される教科・科目を指し、工業科や農業科といった各専門学科に対応して、教科工業、教科農業などが設置されている。また学習指導要領にのっとった内容で構成され、検定教科書によって授業をおこなうのが一般的である。これらの専門学科の教育課程においても、普通教科の必修科目が設けられている。しかし、専門高校では一般的に専門教科の科目が教育課程全体に対して約30〜40%と大きな割合を占める場合が多い。高等学校学習指導要領では、専門高校の卒業要件単位74単位以上（普通高校も同じ）に対し、専門教科・科目についてすべての生徒に履修させる単位数は、25単位を下回らないこととされている。なお、高校の「単位」について、1単位とは週1回50分の授業を年間35週おこなうことを標準としている。

　「高等学校学習指導要領」は、1951（昭和26）年に試案という形で文部省（現文部科学省）より示された。これは教育基本法にのっとり、学習指導の目標と内容を具体的な形で示したものといえる。これ以降、高等学校学習指導要領の改訂にあたっては、1950（昭和25）年の教育課程審議会令（昭和25年政令第86号）により設置された「教育課程審議会」が審議機関となっている。

教育課程審議会は、2001（平成13）年以降、中央省庁等改革にともなって中央教育審議会に統合されており、現在は、「中央教育審議会」の初等中等教育分科会、またはそのなかの教育課程部会が審議をおこなっている。

　高等学校学習指導要領に示された目標について、その変遷を表2-1に示す。表より、全体を俯瞰すると、試案から2009（平成21）年「告示高等学校学習指導要領」にかけて共通して、「工業に関する知識や技能の習得」が挙げられている。とくに試案では、「工具」や「工場事業場」という言葉から推察すると、具体的に製造工場での中堅技術者および彼らを監督する立場の人材を想定したものであると考えられる。試案から現行の目標に視点を移すと、現行では「工業と社会の発展を図る創造的な能力と実践的な態度を育てる」という広い視野に立ち、変化の激しい時代にも対応できる実践的な技術者として活躍できる人材育成を掲げている。これは、製造工場などに限定されない多様な就職を想定しているものと推察される。さらに具体的にみると、試案から1970（昭和45）年改訂までは、「基礎的な知識」および「技能」の習得が中心であったのに対し、1989（平成元）年からは、従前の内容に加え、「主体的」という言葉が示されており、生徒が主体的に、工業の発展に資する実践的な態度を習得するよう目標を設定している。これと同時に、1989（平成元）年の改訂より、生徒の主体性を重視した教科工業の科目「課題研究」が新設されている。

　1999（平成11）年改訂では、従前の育成すべき能力などを、「工業」という視点からだけでなく「社会」という広い視点からとらえて習得するよう設定されている。なお、現行の教育課程である2009（平成21）年告示高等学校学習指導要領では、従前の目標に加え、環境およびエネルギーに配慮し、技術者倫理を確実に身につけ、実践的な技能をあわせもった技術者を育成するという内容が明示されている。

　このように、高等学校学習指導要領に示されている目標は時代により変遷を遂げている。これは、工業技術の進歩により産業構造が変化し、工業高校卒業者への期待像が変わってきたことを意味している。

　現行の2009年告示高等学校学習指導要領では、工業高校における教科工

業は、「工業技術基礎」をはじめとして61科目ある。この61科目の構成については、「各学科において原則としてすべての生徒に履修させる科目（以下、原則履修科目）」、「工業の各分野における基礎科目」、「工業の各分野に関する科目」の三つに分別されている。これらの科目は、普通科高校に比べて、特色ある実践科目であるといえる。例えば「実習」はそのなかの一つであり、「工業の各分野における基礎科目」として位置づけられている。「実習」は、「工業の各専門分野に関する技術を実際の作業を通して総合的に習得させ、技術革新に主体的に対応できる能力と態度を育てる」ことが目標とされている。また、「課題研究」は、「原則履修科目」として位置づけられており、その目標は「工業に関する課題を設定し、その課題の解決を図る学習を通して、専門的な知識と技術の深化、総合化を図るとともに、問題解決の能力や自発的、創造的な学習態度を育てる」こととされている。「課題研究」は大別して、①作品製作、②調査・研究・実験、③産業現場などにおける実習、④職業資格の取得に分けられる。このうち教育現場では、主に作品製作による「課題研究」を展開することが多い。さらに、「情報技術基礎」は、実習と同様の「工業の各分野における基礎科目」と位置づけられ、「社会における情報化の進展と情報の意義や役割を理解させるとともに、情報技術に関する知識と技術を習得させ、工業の各分野において情報及び情報手段を主体的に活用する能力と態度を育てる」ことが目標とされる。実際には、情報の意義や役割、情報技術の基礎的な知識などを教室での授業によって学習するのとあわせて、ハードウェアの操作およびソフトウェアの基礎的な技術などをパソコン教室での実習を通して学習する形態がとられている場合が多い。また、主に低学年次に履修することにより、学年をおって各学科で展開される情報技術に関連する「実習」の基礎を築き、情報技術を専攻する学科（情報技術科、一部の電気系学科など）においては「プログラミング技術」や「マルチメディア応用」など、「工業の各分野に関する科目」に対する基礎教育をおこなっている。また、「情報技術基礎」は普通科高校などにおける教科「情報」の代替として設置できることになっている。工業高校はこれらの科目をはじめとして、このほかにも、特色をもつ実践科目が数多く設定されている。このよう

表 2-1 高等学校学習指導要領（工業編）における目標の変遷

年	目標
1951 年 （昭和 26 年） （試案）	高等学校における工業教育の一般目標　高等学校における工業教育は、将来、日本の工業の建設発展の基幹である中堅技術工員となるべきものに必要な、技能・知識・態度を養成するもので、次の諸目標の達成とめざすものである。 (1)　工業のそれぞれの分野において、工業の基礎的な技能、すなわち、計画設計および製図の技能材料の加工および組立の技能、工業製品の製造の技能、一般に使われる工具および機械の使用調整修理試験の能力を習得する。 (2)　工業枝術の科学的根拠を理解し、これを科学的に高めるために必要な知識を習得する。 (3)　工場事業場の運営に必要な各種の知識技能を習得する。 (4)　工業の経済的構造とその社会的意義を理解し、工業労務者の立場を自覚する。 (5)　計画的・合目的的・実験的な活動を行い、創造力を伸ばし、工業技術の改善進歩に寄与する。 (6)　集合的、共同的に、責任ある行動をする態度を養う。 (7)　各自の個性・能力・適性を知り、職業選択の資をうる。
1956 年 （昭和 31 年）	高等学校における工業教育は、中学校教育の基礎の上にたち、将来わが国工業界の進歩発展の実質的な推進力となる技術員の育成を目的とし、現場技術にその基礎をおいて、基礎的な知識・技能・態度を習得させ、工業人としての正しい自覚をもたせることを目ざすものである。これをさらに分けてみると、次のようになる。 (1)　それぞれの工業分野における基礎的な技能を習得させる。 (2)　それぞれの工業分野における基礎的な知識を習得させ、工業技術の科学的根拠を理解させる。 (3)　それぞれの工業分野における運営や管理に必要な知識・技能を習得させる。 (4)　くふう創造の能力を伸ばし、工業技術の改善進歩に寄与する能力を養う。 (5)　工業技術の性格や工業の経済的構造およびその社会的意義を理解させ、共同して責任ある行動をする態度と、勤労に対する正しい信念をつちかい、工業人としての自覚を得させる。
1960 年 （昭和 35 年）	(1)　工業の各分野における中堅の技術者に必要な知識と技術を習得させる。 (2)　工業技術の科学的根拠を理解させ、その改善進歩を図ろうとする能力を養う。 (3)　工業技術の性格や工業の経済的構造およびその社会的意義を理解させ、共同して責任ある行動をする態度と勤労に対する正しい信念をつちかい、工業人としての自覚を養う。
1970 年 （昭和 45 年）	(1)　工業の各分野における中堅の技術者に必要な知識と技術を習得させる。 (2)　工業技術の科学的根拠を理解させ、その改善進歩を図る能力と態度を養う。 (3)　工業の社会的・経済的意義を理解させ、共同して責任ある行動をする態度と勤労に対する正しい信念とをつちかい、工業の発展を図る態度を養う。
1978 年 （昭和 53 年）	工業の各分野の基礎的・基本的な知識と技術を習得させ、現代社会における工業の意義や役割を理解させるとともに、工業技術の諸問題を合理的に解決し、工業の発展を図る能力と態度を育てる。
1989 年 （平成元年）	工業の各分野に関する基礎的・基本的な知識と技術を習得させ、現代社会における工業の意義や役割を理解させるとともに、工業技術の諸問題を主体的、合理的に解決し、工業の発展を図る能力と実践的な態度を育てる。
1999 年 （平成 11 年）	工業の各分野に関する基礎的・基本的な知識と技術を習得させ、現代社会における工業の意義や役割を理解させるとともに、環境に配慮しつつ、工業技術の諸問題を主体的、合理的に解決し、社会の発展を図る創造的な能力と実践的な態度を育てる。
2009 年 （平成 21 年） 現行教育課程	工業の各分野に関する基礎的・基本的な知識と技術を習得させ、現代社会における工業の意義や役割を理解させるとともに、環境及びエネルギーに配慮しつつ、工業技術の諸問題を主体的、合理的に、かつ倫理観をもって解決し、工業と社会の発展を図る創造的な能力と実践的な態度を育てる。

に、低学年次にある科目で習得した知識や技能が基礎となり、さらに専門性の高い科目と密接な連携が図られているのも特徴の一つである。

なお、現行の2009（平成21）年告示高等学校学習指導要領では、上述のとおり、従前の目標に加え、環境およびエネルギーへの配慮、技術者倫理に重点をおくなどの内容が明確に示されたことから、科目についても、新設を含めた再構成、内容の見直しが図られている。新設された科目は「環境工学基礎」である。また「マルチメディア応用」を「コンピュータシステム技術」に変更している。

3．高等学校における創造性教育

わが国の初等中等教育においても、アイデアの創造教育の必要性は認められている。2002年7月に政府の「知的財産戦略会議」において策定・発表された「知的財産戦略大綱」をもとに、2003年度以降、知的財産権教育が推進され、教材や具体的手法の開発の実施が決められた。中学校技術・家庭科技術分野における知的財産教育の内容においては、モノづくりで生まれる生徒の創造や創意工夫を知的財産の源泉と考えてそれを重視・発展させ、「知的財産を創造すること」を知的財産教育としておこなうものとしている。

（1）科目「課題研究」

1989年に新設された科目「課題研究」では、これまでにおこなわれてきた工業教育の学習方法と明らかに異なる部分がみられる。上述のとおり「課題研究」は原則履修科目に位置づけられており、専攻する学科に関係なくすべての生徒が履修する。多くの工業高校が3年生で履修するよう設定しており、卒業研究のような位置づけで展開されている。

これまでの工業教育では、要素作業に分断された内容の学習がおこなわれてきたが、「課題研究」ではモノづくりを総合的にとらえる手法が組み込まれている。課題のテーマ設定から、学習の評価までを学習者がみずからおこなうという点において、知識や技能の習得に重きをおいてきた既存の科目と

は対照的である。ここでは、生徒は主体的に学び、与えられる知識や技能以上の学びをすることが期待できる。課題としては「自作ロボットの製作」「ソーラーカーの製作」「ゲームプログラミング」や「仕様に従うジャッキの設計製図」などの多様な実践事例がある。なお「課題研究」は「総合的な学習の時間」の代替として設置できる。

　「課題研究」の教育効果について、島田和典らは、生徒が「課題研究」の製作活動によって、「知識・技能の習得感」に加え、「モノづくりの達成感」「チームワークの重要性」「計画や主体的に取り組むことの重要性」などの意識が形成されていることを明らかにし、これが、自己をとらえる自己概念形成に有用な影響を与えていることを指摘している（島田ほか、2006）。

　また日高義浩らは、「課題研究」の実践から、生徒は①「課題研究」の内容が進路先で役立つ、②「課題研究」での共同作業が進路先で役立つ、③「課題研究」は進路選択に影響する一要因、ととらえていることを指摘している（日高・辻、2012）。

　一方、筆者らは、「課題研究」による教育効果を、卒業後約10年にわたる追跡調査から明らかにした（山田・島田、2015）。また、「課題研究」において作品製作に取り組んだ生徒の授業の様子とその後のあゆみを調査し、生徒を継続型、キャリアアップ型などと分類したうえで、「課題研究」が自己の進路選択につながることや、「課題研究」による学習経験が、卒業後の現在の自己に影響を及ぼしていることなどを明らかにした。このように「課題研究」が他の科目と異なった視点での有用性を示す研究が認められる。

（2）課外活動「モノづくり系クラブ」

　工業高校には、普通科高校にみられる体育系クラブや文化系クラブのほか「モノづくり系クラブ」が設置されている。比較的、工業高校が多く設置されているA県の工業高校におけるモノづくり系クラブの設置状況を表2-2に示した。屋内での作業であり身体的な運動ではないので文化系クラブに分類されるが、工業高校の特徴を生かした課外クラブである。作業内容は学校により多少異なるが、機械系ではエコデンカー（省エネの一人乗り電気自動

車）の製作や、相撲ロボットの製作、旋盤技能コンテストの訓練などの活動をおこなっている。鉄道研究部では単に鉄道で旅行をするというよりもジオラマなどの製作が中心である。無線部や電子工作部では、電子工作やプログラミングが中心である。自動車部では機械研究部同様、エコデンカーやソーラーカーの製作が中心の学校もあるが、自動車整備やコンバージョンEVなどを手掛けるところもある。

　課題研究や実習では、授業時間が中心となり、夏季休業や冬季休業中の作業が実施しにくい。また、電気科、機械科など、小学科を越えた協働ができないことから、このような課外クラブがモノづくり教育で果たす役割は大きい。運動系クラブの活動では、長時間の連続的な練習が身体的な疲労となるため、一日中練習をするというような活動はあまりみかけないが、モノづくり系クラブでは、生徒の連続した活動が可能であることから、実質8時間以上、作業をすることもある。コンテストの締め切りやレースの直前など、追い込みの時期は作業が深夜まで及ぶことも珍しくない。また一般的な実習では完全に教員が計画を立て遂行する。課題研究におけるオープンエンドな課題であったとしても、課題完了の如何にかかわらず、学期の区切りなどで発表や成績評価がおこなわれる。このため製作物にも、内容と関係なく期間や評価における制約が生じる。しかし、課外クラブは成績評価の必要もなく、コンテストやレースの締め切りという制約は受けるが、それらについても年度を越えて引き続き実施されるものなので、絶対的な制約はない。よって、ある程度は学生の自主性を尊重した運営ができるのである。これにより学生自身が目標を立て、その目標を遂行するための工程を定め、進捗を確認しながら作業内容や実施方法を検討できる。これら一連の作業が「納期」や「予算」、当該クラブの「シーズ」を意識し、「効率」を高めることまで思考するようになる。つまり、より実践的なモノづくりの経験につながるのである。無論、課題研究においても、授業時間にとらわれず、課外クラブのような運営をおこなう実践例も少なくない。週に3時間（1時間＝50分授業）では、創造的なモノづくりは難しいといえよう。

表2-2 A県立工業高校におけるモノづくり系クラブ

学校	クラブ
NN工業高校	・機械研究部 ・建築研究部 ・デザインクラブ ・無線・電気部 ・鉄道研究部
YG工業高校	・電研部 ・自動車部 ・アマチュア無線部 ・機械研究部 ・ロボット研究部
IM工業高校	・鉄道研究部 ・機械工作部 ・メカトロ研究部 ・情報技術研究部 ・自動車部 ・ソーラーエネルギー研究部 ・無線技術研究同好会
IK工業高校	・機械研究部 ・SST.R&D（スーパーサイエンステクノロジー）部 ・コンピュータ部 ・鉄道研究部
S工業高校	・無線研究部 ・情報処理部 ・自動車部 ・ソーラーカー部 ・テクノサイエンス部 ・マテリアル研究 ・R/C　Car部
FS工業高校	・省エネルギー自動車研究部 ・アマチュア無線部 ・情報処理部 ・ロボット研究部 ・機械技術同好会 ・建築デザイン同好会 ・建築設備同好会
JT工業高校	・鉄道研究部 ・自動車部 ・電気工学部
F工業高校	・生産技術部 ・コンピュータ部 ・鉄道研究部
SN工業高校	・自動車部 ・電子工作部 ・機械工作部

4．工業高校モノづくり教育の積極的実践事例

（1）はじめに

　工業高校は、1899（明治32）年の実業学校を起源と考えれば100年を超える歴史がある。1948年に「新制高等学校工業学科」になってからも70年近く経つ。戦後の産業経済・工業技術の発展は目覚ましく、それにあわせて工業技術者の役割も変貌し、工業教育も時代とともに変化してきた。その一つの表出が前項で示したおおむね10年ごとに改定されてきた「学習指導要領」である。また、経済社会の発展による入学者の変貌も、工業高校のあり方に大きな影響を与えた。すなわち日本経済が発展し国民の生活が豊かになり高学歴化が進んだことである。これにより中等教育においては、大学進学に有利とはいえないカリキュラムである工業高校よりも普通高校への進学希望が多くなった。それでも、現在も工業高校在籍率が全高校生の7.8％、25万8000人を占めることから、一定のニーズは存在する。しかし、その多くは大学進学を重視せず、漠然とした就職希望をもっていることが多く、消極的な進学希望であるため、工業高校入学者の学力や意欲は低いという問題を生じさせている。これにより工業高校でも不本意入学や中退問題が顕在化し、社会からその対策を迫られるようになった。

　また、専門教科工業の科目（以下、工業科目とする）の履修単位数減による専門性の低下についても顕著になっている。1978（昭和53）年の学習指導要領の改定により、それまで工業科目が49～51単位あったのに対し、42～43単位に削減され、最低履修単位も35単位から30単位となった。また、新たな工業の履修科目として、小学科の区分に関係なく原則履修する「工業基礎」と「工業数理」が導入された。これらの工業科目は工業の各分野の基礎的知識を幅広く修得することを目的としており、小学科における専門性の向上からは離れている。さらに1989（平成元）年の改定では、工業の専門科目が36～37単位にまで削減された。このとき、共通履修科目としては「工業技術基礎」と「課題研究」が加えられた。その後1999年の改定においては、

工業科目の最低履修単位は 25 単位まで削減されるに至った。実際には、卒業要件として工業科目 25 単位と設定している工業高校は少なく、大学への接続に傾倒した一部の高校にとどまっている（石田、2011）。しかし、こうした変化は必然的に工業教育の専門性を低下させたといわざるをえない。

変遷の内容について俯瞰すると、学習時間の低減や「工業技術基礎」の導入により、機械系学科や電気系学科といった小学科の専門的な「実習」は削減されてきている。しかしながら、工作機械などの高度化にともない、操作の複雑な自動工作機械が導入され、これらの操作の学習時間は増えている。実際には、従来の手作業的な製作加工の時数は減っているものの、製作実習全体の総時数は各学校において確保している現状にあると考えられる。機械系学科を例に挙げれば CNC 旋盤やマシニングセンター、レーザー加工機などの自動制御による工作機械が導入され、それらを制御するコンピュータが増設された。一昔前であれば旋盤やフライス盤、溶接や手仕上げ加工といったものが実習の中心であったが、必然的にそれらの時間は削られ、上述の自動工作機械に充てられている。専門科目の授業時数が削られるなかで、さらに高度で複雑な機械の導入は専門技術の習得をより難しくしている。

一見すると、「実習」で扱う工作機械が変われば内容についても大きく変わるように思われるが、目的や指導方法という意味においては同じである。使用する工作機械が変われば、操作方法は変わるが、内容的にはオペレーターの学習ということに変わりはない。つまり、技能教育という意味においては本質的に変わっていないことを意味している。一方、工業科目「課題研究」は問題解決能力、自発的・創造的な学習態度の育成を目標に掲げる科目であり、既存の知識や技能の習得に重きをおく科目とは対照的な内容で構成されている。実際の授業は、各グループによっておこなわれ、担当教員や生徒の意向によって授業の展開方法がさまざまである点にも特徴がある。

現在、産業界のなかでもとくに中小企業の経営者から工業高校の入学定員増を望む声は少なくない。中小企業は工業高校卒業生を採用したくても、新規卒業者の絶対数が足りないため採用できない状況にある。これは地域差もあるが、求人倍率が 2 ～ 3 倍という現状をみると明らかである。一方で産業

構造の変化により、中堅技術者や技能労働者の需要が大きく減少しているという事実もある。工業高校での教育内容が旧態依然の状況であるとするならば、社会が求める労働力と工業高校での学びの間で矛盾が生じている可能性が指摘できる。また、そうであるならば、そもそも工業高校の卒業段階において、生徒に求められている力とは何を指すのかを考えなければならない。筆者は27年間工業高校の勤務を経験するなかで、多様な視点をもってモノづくり教育を実践してきた。多くの卒業生を産業界に輩出し、技術者として社会を担う卒業生はもとより、多くの企業人との関わりを経験し、現役の生徒に対しては企業人と協働の学びを展開してきた。本書では、これらの実践事例を紹介しつつ、工業高校のあり方について展望する。

（2）課題研究によるモノづくり

工業教育とは、おしなべていうと、知識および技能の伝承といった意味合いが強い。座学では力学的計算や材料特性など、工業の基礎的知識を学び、実習では機械装置の操作法や加工法などの技能を習得するという形態である。旋盤にせよ、溶接にせよ、図面通りに加工する訓練といってよい。電気系では、指示された手順に従い回路やプログラムを製作する。製図においても基本的には全員が同じ図面の模写に取り組む。それに対して、1989（平成元）年に新設された工業科目「課題研究」では、課題設定自体を生徒がおこない、必要に応じて多様な学習活動を展開することが推奨され、いわゆる創造的な要素が含まれている。一般的に3年生で履修し、生徒は数名から10名程度のグループに分かれ、1年間を通して同じグループで課題に取り組む科目である。内容は「ソーラーカーの製作」「ゲームプログラムの制作」「ロボットの製作」「木工製作」などの作品製作が中心であるが、資格検定の取得や加工技能の習得をテーマにする課題研究班（以下チームとする）もある。

「ソーラーカー」の製作

A工業高校では、工業科目「課題研究」を1992（平成4）年度から実施している。通常各学校の教育課程の編成は、学習指導要領告示（「課題研究」につい

第2章　高等学校における産業教育

ては 1989 年）ののち、移行期を経て完全実施（編成）されていく。以下では、その「課題研究」の実践事例を紹介したい。

　科目の開設当時、先進的な題材であった「ソーラーカーの製作」について紹介する。チームメンバーは生徒 10 名である。もともとテーマが決まっていたわけではなく、チームに配属後、生徒が当時珍しかったソーラーカーレースの募集案内をみたことがきっかけとなった。レースへの参加は応募のあとに出場資格審査があり、選ばれた応募チームには高価なソーラーパネルやバッテリー、モーターなどの主要部品を主催者が提供するという大会である。担当教員はレース応募前に「課題研究」の内容として承諾したものの、主催者側の審査をパスしなければならない。そこで主催者に対し、生徒みずからが「どうしてもやりたい」という熱意を手紙によって伝え、無事審査にパスすることができた。しかし、生徒の所属する小学科は繊維系であり、生徒はもちろんのこと、担当教員も金属加工の技術がなく、また占有できる加工設備がないなかでの挑戦となった。実際の作業は、機械科に工具を借りながら、授業時間外の放課後や授業のない夏休み中に製作活動をおこなった。最終的に、自動車の形はできたものの、レース中にシャーシが中央部分で折れ、リタイヤする結果となった。しかしながら、この製作に関わったメンバーはこの 1 年間の経験に一様に満足を得ており、新設された「課題研究」の有用性を確認することができた。このあと、ソーラーカーの製作は次年度以降も後輩に引き継がれるテーマとなった。

　上述のとおり、「課題研究」は 3 年生で設定している工業高校がほとんどである。それゆえ生徒同士の引継ぎは基本的にないと考えてよい。このような状況下で、上記の実践校では、2 年目には、1 号機を改良して完走できるレベルに仕上げ、3 年目は自動車工学に詳しい教員の赴任という助けもあり、レースで入賞する結果を得るに至った。目的がレースの出場である以上、入賞という結果が得られたことは、生徒たちの達成感と自信に確実につながった。引き続き 4 年目は鈴鹿サーキットでおこなわれた国際レースに出場するまでに至る。しかし、この頃には、他の工業高校においても「ソーラーカーの製作」はメジャーなテーマになりつつあり、多くの工業高校で同様の実践

がみられた。他校も年々製作スキルを蓄積し、とくに課外クラブであるモノづくり系部活動などで積極的に取り組んでいる学校は、授業でおこなう「課題研究」と異なり、3年間継続して関わる生徒がいることや生徒間の引き継ぎが円滑であるといったメリットから、完成度の高い車両での参加がみられた。また、全国的に機械系学科が中心となり、実践校の繊維系学科のチームでは技術的に劣る点が顕著であった。一方、実践校は先行者利益ともいうべき成果としてマスコミ報道に多数取り上げられた。当時珍しかった「ソーラーカー」の注目度は高く、地域のお祭りや環境イベントなどへの出展依頼が多数舞い込んだ。製作に関わった生徒たちは、環境イベントなどでプレゼン発表をおこない、マスコミのインタビューに答えるなど、活躍の場が与えられた。それぞれ一様に感想として「自信がついた」と回答している。

新たな挑戦「木製ハイブリッドカー」

　上記の実践に続き、A工業高校の課題研究班では、ソーラーカーにかわる題材を模索した。工業科目「課題研究」の特性上、「課題を生徒自ら設定する」ことが望ましいため、基本的には毎年3年生で配属される生徒が中心になり、テーマをみずから決定していくことになる。当然、担当教員はみずからの専門性と、生徒の掲げるテーマの実現可能性を考慮したうえで、テーマを確定する。その年に新たに集まったメンバーは6名で、課題の設定にあたっては、授業の導入段階でブレインストーミング（集団でアイデアを出し合う手法）をおこなった。卒業した先輩らの実践（ソーラーカーの製作）のような「インパクト」「面白さ」「やりがい」という観点でアイデアが出された。ブレインストーミングでは、ソーラーカーの課題点も考察され、致命的な問題としてソーラーパネルは占有面積当たりの発電量が低く実用性が低い点が指摘された。前年度までの取り組みでは、480 W のソーラーパネルで、定格480 W（最高出力2 kW）程度のモーターを採用していたが、実際には電力不足が生じて走行が難しく、鉛バッテリ（12 V 40 Ah）を4個搭載することによって電力を補完して走行していた。したがって、実際には、当時のソーラーカーはバッテリカーと揶揄されても仕方のない状況であった。これはソーラー

パネルの現状の機能における技術的な限界であり、課題研究を通して理解している高校生にとって、実用性がないことは周知の事実であった。そこで担当教員は実用性に着目するよう促した。この結果「公道走行の可能性」や「電力供給の問題」に焦点が絞られ、最終的に「実用性のある公道走行が可能な車両の製作」をテーマに、その年の「課題研究」が始まった。具体的には、ミニカー登録（道路交通法におけるは定格出力 0.25 kW を超え 0.6 kW 以下の原動機を有する普通自動車）が可能な車両を製作することになった。当時、ミニカーは複数の企業から、内燃機関やモーターを動力源としたもので市販されていた。チームでは既存の市販車両にはない付加価値に着目し、「環境」に優しい車両の製作をコンセプトにした。具体的には、

　　①電気自動車であること
　　②間伐材でボディをつくること
　　③ソーラーパネルを搭載すること
　　④木炭ガス発電装置を搭載すること（ソーラーパネルを補う発電機）

である。いうまでもなく、実現すれば、世の中に存在しない、世界初になる新しい車である。担当教員は、このように生徒たちにテーマを決定させたうえで、実際には実現可能性を吟味し、かつ生徒のモチベーションを下げないように、作品の構想・設計をマネジメントしなければならない。車両の製作には正規の授業時間外を含めて半年の期間を費やした。車両は、木製であること、ソーラーパネルと木炭ガス発電のハイブリッドであることから「木製ハイブリッドカー」と命名された。

　成果発表の機会として、この車両はソーラーパネルを搭載していることからソーラーカーの大会に出場した。そのほかにも平地から標高 1000 m の高野山を越えるチャレンジを敢行した。また、小学校では環境教育の出前授業（試乗会）などの啓発活動もおこなった。これらの発表機会はいわば完成の期日を設定することにほかならない。完成期日の設定は、マネジメントするうえでもっとも重要なことである。これらの発表は新聞やテレビなどに取り

図 2-1　木製ハイブリッドカー　　　　　　　図 2-2　蒸気発電自動車
出所：筆者撮影　　　　　　　　　　　　　　　出所：筆者撮影

上げられ、内外の反響も大きかったことから、製作に関わった生徒の自己効力感や達成感の向上は予想以上のものであった。さらに次年度は、車両としての実用性を高めるためにサスペンションを搭載し、モーターも効率のよいものに変更して新たな車両の製作に至っている。木製というのは一見、強度が低いように思われるが、ある程度の強度が確保されているうえに、鉄鋼板に比較して塑性変形しにくいというメリットがある。軽い衝突や横転に対しても、フレームが歪むことはなく、破損した場合も部分的に容易に修復が可能である。また、木材加工は金属加工と比較して有利な点がある。複雑で高価な加工機械を使用しなくても、基本的に鋸や電動ドリル、金槌、ノミ、鉋、ドライバなどがあればたいていのものは製作可能である。さらに電動丸ノコや電動ドライバ、卓上ボール盤、オービタルサンダーなど、ホームセンターにおいて 1 万円以内で購入できる工具があれば作業効率は格段に上がる。簡単な工具でメンバーがそれぞれのパーツを加工したあと、パーツを組み合わせて本体を製作する。個々の作業が個別に進められ、メンバーの待ち時間が減り作業効率という点でのメリットも大きい。

さまざまな「木製電気自動車」の製作

　「木製ハイブリッドカー」以降も、木製電気自動車はさまざまな機能と組み合わせることにより、年々発展する実践となった。その一つに「廃プラス

チック燃料車」がある。これは植物油（天ぷら油）を燃料としたバーナーにより、プラスチックを熱して分解・発生させた可燃性ガスを燃料として、ガスエンジン発電機を稼働し、発電した電力を電気自動車に利用する車両である。発電機の出力は600Wで実際に電気自動車を走らせる電力量を得ることは難しいため、あくまでバッテリー充電の補助電力としての利用とした。さらに、次年度にはゴミを燃やして発生させた蒸気を動力源とする「オシレーティングエンジン」を製作し、ゴミ焼却ボイラーを車体前部に搭載した蒸気発電自動車を製作した（図2-2）。実際のところ、蒸気による発電機の出力は8Wと非常に小さかったが、それでも車上でゴミを燃やして発電するという「発想を形にした」ことに注目が集まり、新聞やテレビで取り上げられた。なお、これらの車両は、学会などが主催するモノづくり系コンテストで文部科学大臣賞を獲得している。以上のようにA工業高校の課題研究班では、木製の電気自動車を基盤に環境エネルギーで付加価値を創造したモノづくりを実践してきた。

（3）「課題研究」の課題と展望

　上述のように、「課題研究」を通してオリジナル作品を製作することは、生徒の就職先である企業だけでなく、広く社会的にも評価が高い。メディアに取り上げられることにより、みずから取り組んだ成果が可視化され、友人や家族などから評価される機会が増える。これは生徒にとって大変な励みになる。

　しかしながら、ここまでの成果をあげるには、種々の課題が存在する。「課題研究」の一般的な授業時数は、週当たり50分×3コマ×35週（単位数：3単位、基本的には3コマ連続で設定される）である。定期考査や学校行事などによって授業がない週もあり、また長期休暇中は授業がないことから、正規の授業時間だけでは手間のかかる作品製作は実質的に厳しい状況にある。上述の実践事例では、放課後や長期休暇、時には土日も作業に励む生徒の姿（自主的に参加）がみられた。授業に対する生徒の負担については議論があるかもしれないが、1年間の「課題研究」を終えた段階で、これら実戦に参

加した生徒たちは、「時間はあっという間に過ぎ、熱中するがあまりなかなか作業を終えることができなかった。毎日がこのような感じである」と回想している。決して授業に縛られた感覚をもっているわけではなく、ただ作品製作に打ち込む意欲が、行動につながっていたようである。

担当教員がとくに厳しく生徒に求めたことは期限（納期）である。もちろん商品ではないので、社会契約的な期限を意味するものではない。しかし、レースへの出場やコンテストへの出品という目的に対して、必然的に納期が発生する。そういったことが明確でない場合は、出前授業を入れたり発表会を設定したりすることにより教員が任意で納期を設定する。納期が決まれば、いつまでに何をしなければいけないかという見通しを立てなければならない。これに従い作業計画を立てる必要があり、生徒一人一人がこれを認識することにより自律的な行動が喚起されると考えている。

上述のような「課題研究」を遂行するためには、3単位では圧倒的に時間が足りない状況にある。創造的な要素の多い作業はまさに試行錯誤の連続であり膨大な時間を要する。前述のように放課後や長期休暇などを作業時間として割り当てることになり、生徒にとっても教員にとっても負担は大きくなる。また、放課後に資格試験などの講習を設定する工業高校も多いことから、どちらを優先するかという問題も発生する。教員も放課後は会議や補習、教材研究などで多忙である。このように、「課題研究」の実施には、時間の確保と負担の増加という課題があり、一方でこれらを避けると必然的に課題設定に制約がかかり、生徒のモチベーションを下げることになりかねない。授業時間内（課題の設定、話し合いの時間を含む）だけで完成するような課題を設定すると、どうしても創造的な要素は薄くなる傾向にあり、生徒がみずから考える時間にも制限がかかる。したがって、個々の教員の力量や生徒の積極性にもよるが、他の職務とのバランスを考慮して実施していかなければならず、現状は厳しい。

また、担当教員の指導レベルにも課題があるといえる。生徒の発想を形にするテーマの実践の成否には、相当教員の技術レベルが大きく影響する。高校工業の免許状を取得しているからといって、製作技術や加工技能、分野を

またいだ専門知識を同時に求めることは難しい。初任者はもちろんのこと、ベテラン教員であっても知識を獲得するために学び続ける姿勢や訓練の積み重ね（経験）が不可欠である。ここを補うためには、教員の情熱ということに尽きるのかもしれない。生徒から発想される奇想天外なアイデアに対し、実現可能な方法を考え誘導し製作条件を整備していく、いわゆる「段取り」の能力が必要であり、その獲得には相当の経験を要する。教員自身が題材を研究し、試行錯誤を繰り返しながら学びを深めなければならない。時には先輩教員や企業の技術者に教わりながら、自身の技術を高めなければならない。

（4）モノづくり系の部活動

　工業高校の部活動には普通高校ではあまりみられない特徴的なものが存在する。その一つに工業系のモノづくりを主体とした部活動が挙げられる。例えば電子工作部や機械工作部、自動車部などが多くの工業高校で活動している。ある工業高校では、電子工作部が、マイコンで自動制御される模型電車のジオラマを製作し、全国的なコンテストに出品している。機械工作部ではエコデンカー（省エネルギーの一人乗り電気自動車）やソーラーカーを製作し、全国的なレースに出場している。以下では、部活動における実践事例を紹介することとする。

「木炭自動車」の製作

　Ａ工業高校の自動車部を例に挙げる。自動車部とはいえ、実際に生徒は運転免許を所持できる年齢ではないため、普段の活動はエコデンカーの製作や車両のレストア（動力系の点検・整備・改良から板金・塗装を含む）をおこなっている。そのなかで、木炭自動車の製作を手掛けた事例を紹介したい。

　木炭自動車の製作は、脱化石燃料と間伐材の有効利用を目指したものである。木炭自動車の技術は昭和初期にヨーロッパから日本に輸入されたもので、日本でも戦中戦後のガソリン入手が困難な時代に隆盛を極めたが、終戦後数年でガソリンの入手が容易になり、逆に林地保護などの観点から30年代後半には急速に姿を消した。木炭自動車の製作に当たり資料を調査したが、学

図2-3　木炭自動車
出所：筆者撮影

術的な文献はほとんど残されていないことがわかった。「百聞は一見にしかず」で、部員たちは昔の木炭自動車が展示されている和歌山県の「紀州備長炭発見館」まで見学に行った。ベース車両は東洋工業株式会社（現マツダ）のT2000である。数十年前に製作された木炭ガス発生装置は手づくりの風合いで、部員の興味とモチベーションは高まった。

　新しくつくる木炭自動車のベース車両には、エンジンルームの空間に隙間が多いこと、税金面で優位性のある軽自動車であることから、スズキのジムニーを採用した。車両後部に、オリジナルの木炭ガス発生装置を搭載している。木炭ガス発生装置の原理は、ガス発生炉の下部で木炭の燃焼により発生したCO_2を、発生炉の上部でCOに還元し、フィルターを通してエンジンに送るもので、ガス中にはH_2も10%程度含まれる。図2-3の右端がガス発生炉で、中央と左端がフィルター兼冷却器である。ガソリンに比べ木炭ガスは体積当たりの熱量が低いため、出力はおよそ半減する。それ以外にも、実用性からして問題は2点ある。エンジン始動までに1時間程度の作業時間を要することと、燃料となる木炭のコストがガソリンと比べて5倍以上かかるということである。当然のことであるが、時代背景によりニーズは変わるということを学んだ。逆に環境保全という今日的課題からこのようなテーマが再浮上したともいえる。

（5） 震災における被災地支援

「廃材燃料給湯器」の製作

　2011年3月11日金曜日、工業高校では授業期間も終了し、自動車部では車の整備作業をしていた。地震発生時は誰も気づかなかったが、それぞれが自宅に帰り東日本大震災の被害の大きさを知った。明けて月曜日、生徒たちが自主的に自動車部で何かできることはないかと話し合った。最初は、自動車部で開発した高速炭化炉で製造した竹炭を販売することや廃油発電機による綿菓子販売で得た利益を寄付しようという案が出された。しかし、それでは数万円程度にしかならない。生徒が募金や模擬店で集めたお金を寄付することは大変尊いことであり、教育活動においても意義深いことではあるが、それよりも自分たちの力が最大限発揮できることはないか、現地で役に立つ「モノづくり」はできないかと、意見を出し合った。

　もともと自動車部は自動車整備というよりも「モノづくり」を中心に活動してきた。毎日、放課後や夏休みなど、まるで労働者のように実習工場で作業している。これまでに製作した作品は電気自動車をはじめ、バイオ・ディーゼル製造装置や廃油発電機、高速炭化炉やバイオトイレなど、さまざまな環境機器類である。一応、自動車部と銘打っているが、実質的には環境機器の製作が8割、自動車整備が2割といったところである。しかし、過去に開発したものでは今回の震災にすぐに対応できるものがない。

　テレビでは、11日以降絶えず被災地の中継映像を放映していた。津波の猛威、津波に襲われ廃墟と化した市街地、避難所で寒さに震えている人々が映し出されていた。何かできることはないか、テレビの画像をもとに出されたアイデアが、廃材を燃料として給湯する簡易のお風呂である。映像をみる限り燃料となる廃材は沢山あり、逆に処分しなければならない。飲料水は不足しているらしいが、場所によっては川や井戸の水がある。ペットボトルに入れて湯たんぽにするのであれば、汚れた水でも利用できる。震災後、はじめての活動日となる3日後、このことをメンバーで協議した。全員の賛同を得たあと、必要な機能を選定し、設計にとりかかった。避難所で寒さに震える

人たちに、少しでも温かさを届けることが全員一致の目標となった。

　3月15日火曜日、描き上げた図面をもとに、加工方法を確認した。設計に当たり出された条件は以下のとおりである。

　①家庭用の風呂（200 L）を1時間以内に沸かせること
　②現地では道具が不足しているため、廃材をできるだけ切断せず、投入できること
　③自動車が入れない場所でも設置できるよう、大人2人で移動が可能なこと
　④衝撃や水分に耐久性があること

　このほか、重要なことは現有の設備で製作できること、すぐに手に入る材料で製作できることである。
　まず、外装は1000×2000×t1.5のSUS304のステンレス平板を使うため、必然的に外形は500×500×1000の長方形になる。内部はϕ400×1000の円筒である。ロストルになる台を下部に配置して、上部に円筒を載せた。円筒自体が燃焼室兼煙突という構造である。その円筒の周りに15Aの銅管を配し、熱交換器とした。熱交換器と外装の間にはセラミック・ウールの断熱材を巻き、保温効果を向上させ燃焼効率を高めている。その後、耐久性を上げるため配管はSUS316のフレキシブル管に変更した。
　廃材を燃料とする給湯器のため、これを廃材燃料給湯器と呼ぶことにした。廃材燃料給湯器は製作開始から2日後の17日木曜日、夜も随分ふけたころに完成した。翌日試運転を実施した。家庭用のビニールプールに160 Lの水を張り42℃までの到達時間、給湯温度などを調べた。その結果、水温が13℃であったにもかかわらず、わずか20分で42℃を超えた。ちょうどそのとき、東北に救援物資を運んで帰ってこられた財団法人の方が、廃材燃料給湯機のプロジェクトを聞きつけ見学に来られた。その方は実験の様子をみて、これなら使えると評価した。そして早速運搬の準備にかかった。とにかく被災地の現場は混乱しているため、輸送や納入先はこちらですべて段取りしな

第 2 章　高等学校における産業教育

図 2-4　廃材燃料給湯器の熱交換器
出所：筆者撮影

ければいけない。しかもオリジナルの装置だから、一度は現地にもっていき、不具合がないか直接確認する必要がある。幸いにも（財）公園緑化協会が再度支援物資を東北へ届けるという予定なので、そのトラックに便乗させていただいた。震災から 1 週間しか経っておらず、受け入れ先までは探せなかったが、取り急ぎ現地へ運び効果を確認しなければ次のステージには進めない。出発は 19 日土曜の昼になった。大阪からの救援物資とともに廃材燃料給湯機を積み込み、4 トントラックで仙台へ向かう。仙台、気仙沼、南三陸、石巻と支援物資を降ろしながら廃材燃料給湯機を使えるところを探したのだが、なかなか条件にあう場所がみつからない。というのも 4 トントラックが入るような集積所や避難所では、避難者数が多すぎて小さな風呂では使いようがないという意見が聞かれた。また、風呂のような贅沢品はいらないといわれることもあった。震災から 1 週間、その頃になると避難所も組織化され、対応に出られるのは屈強な大人である。風呂には 1 ヵ月入らなくても大丈夫、それよりも優先すべきことが沢山あるという感じであった。

　最後に立ち寄った石巻市の小学校で試すことになった。そこにも数百人の避難者がおられたが、校庭の池の水を沸かせたら湯たんぽにはなるだろうということで了承された。しかしながら問題は電気である。トラックのバッテリーでポンプを動かし池の水を給湯機に供給したのだが、給湯が始まりう

図 2-5　廃材燃料給湯器
出所：筆者撮影

図 2-6　組立式の仮設風呂
出所：筆者撮影

くいきかけたそのとき、ポンプが止まった。水が供給できないため、給湯機内の残水が水蒸気となり給湯口から噴き出したのである。その様子をみていた避難所の担当者は、このような状況下で自分たちでは取り扱えないという判断を下した。非常に残念だがあきらめて給湯機を大阪に持ち帰った。

　大阪で待っていた生徒たちも非常に悔しい思いをした。大阪に戻って早速、空焚きを想定し、改良と実験を繰り返した。1 週間かけてようやく納得のいくものをつくり上げた。並行して現地の受け入れ先を探した。具体的には被災地を支援している NPO やボランティアセンターに協力を求めた。岩手県陸前高田市で支援活動をしているボランティア団体から受け入れ先の連絡が入った。そこは集落の奥まったところの大きな民家で、30 名程度の人が避難していた。現在はドラム缶で湯を沸かしているが、炊き上げに時間がかかり、せっかく沸かしたお湯も、錆で茶色く濁っているということだった。

　初回から 2 週間後の出発で、時間もあったことから 2 台の新しい廃材燃料給湯機を製作し、さらに仮設風呂も製作して持参した。その間、廃材燃流給湯機による支援がマスコミで取り上げられ、材料費の寄付が寄せられた。トラックに廃材燃料給湯機と仮設風呂を載せ、片道 14 時間の道のりを移動、休む間もなく、現地の方々に手伝ってもらいながら廃材燃料給湯機を設置した。早速、水を流し廃材に火を付け給湯機を稼動した。10 分もすれば給湯口から 43 ℃のお湯が出てきた。200 L のバスタブを満たすのにわずか 15 分。

沢水を利用した簡易水道の水は掛け流しのお湯に早変わりした。ドラム缶で沸かしているときは3時間かけて沸かしても、数人が入ればすぐに量が減り、汚れが目立ったそうだが、廃材燃料給湯機から出るお湯は無色透明である。民家には生後6ヵ月の乳児も避難していた。母親がそのお湯をみて涙ぐんだ。これまでは、ベビーバスに汲んだ茶色いお湯で子どもを洗っていた。その後の話では、廃材燃料給湯機は毎日のように使用され、近隣住民を含め大勢に利用された。

　最初は廃材燃料給湯機の具合をみるために一度だけ直接東北へ運び入れる予定であった。その後は大阪で製造して、被災地へ送り続ける計画を立てていた。しかし、2台の廃材燃料給湯器を設置して、給湯機を送るだけでは現地では稼働しないということが判明した。直接もっていき、現場にあわせて設置して、実際にお湯を沸かすところまで実施して価値を理解してもらうことが必要であること、また、お風呂を献身的に、あるいは組織的に稼動する人を養成してようやく使えるようになるのである。大阪から東北を車で往復するのは大変である。しかし、教員が中心となり協力者を募り、6回往復した。また、学校以外でも、廃材燃料給湯機の扱い方を学んだボランティア団体に委託した。

　もっとも大変だったことは、運ぶことより受け入れ先をみつけることである。多くの場所で廃材燃料給湯機のニーズは感じるものの、上述のように定着させるための条件を満たす場所を探すのに苦労した。その間、生徒たちは学校で給湯機をつくり続けた。春季休業中であれば2日間でできた給湯機も、平日の放課後となると、1台つくるのに1週間以上の日程を要する。そうしているうちに、部品の加工はB工業高校やC工業高校から協力の申し出があり生産速度の向上により6月には通算18台を完成させた。

　当初、給湯器の製作に当たった自動車部の生徒たちは、製作に没頭していた。「あまりに集中しすぎて時間の経つのを感じなかった」という生徒がほとんどである。全員が被災地の役に立ちたいという思いを共有した。石巻市での失敗を伝えれば「何とかしなければ」という思い、陸前高田での成功を伝えれば「もっとたくさんつくらなければ」という思い、どの出来事を伝え

ても「頑張らなければ」という言葉が生徒から発せられる。顧問は学校教育においても「モノづくり」に動機が必要であるという当然のことを、あらためて深く感じたという。

廃材燃料給湯機による被災地支援に多くの方々から寄付が寄せられた。地元の地域新聞社では「廃材燃料給湯機を支援する会」という会を立ち上げて、そちらで寄付金の受領と材料の供給を取り仕切ってくれた。地域社会の被災地支援の想いは生徒たちの励みとなり、のちに「皆さんの想いに応えるため、より一層頑張れた」と感想を述べている。また、このプロジェクトに協力してくれたB工業高校C工業高校の生徒たちも、ことの重要性を認識し、いつも以上に真剣に取組んだと述べている。

（6）震災の教訓と工業高校としての備え

東日本大震災から4年が経ち、A工業高校では、この震災を契機にさまざまな防災・減災対策品を製作してきた。

コンバージョンEVの製作

そのうちの一つにコンバージョンEVがある。これは震災時、被災地で自動車燃料（ガソリン、軽油）が極端に不足することから考え出されたものである。市販のEV（電気自動車）の活用も考えられるが、一般的に200Vでの充電設備が必要であり、非常時に供給することは困難である。また、普及しつつある家庭用ソーラー発電は、停電時には100V～1.5kWの出力が規格化されており、一充電当たりの走行距離は短くても、同電源で充電できるEVであれば、非常時にも活用できる。災害時は悪路走行が予測されるため、4WD仕様とし、物資や負傷者が運べる荷台のオープンな軽トラックタイプを採用した。

このような規格にあうEVは現在市販されていない。A工業高校では廉価版コンバージョンEVとしての普及を目指し、地元の金属加工会社と協働で部品の設計をおこなっている。バッテリーやモーターなど、部材の規格や選定をおこない、安価に調達できるよう貿易商社との連携も実現した。プロト

第 2 章　高等学校における産業教育

図 2-7　軽トラックコンバージョン EV
出所：筆者撮影

タイプ 1 台を製作し、申請書類を製作、実際に構造変更登録もおこないナンバーを取得、公道を走らせている。この改造技術を地元の自動車整備工場に移譲し、製作依頼があれば整備工場で商業目的として改造するスキームも構築した。

用水確保の取り組み

災害時に用水の確保は非常に重要となる。これについては、避難所となる公共施設に井戸を掘るという奇抜な計画を立てた。A 工業高校では上述の工業科目「課題研究」のテーマとしても採用し、チームは「上総掘りの道具」を製作し、実際に高校敷地内に打ち抜き井戸を掘った。

暖房・調理用燃料の確保

災害時を想定した暖房・調理燃料については、木炭を選択した。煙の問題から部屋のなかで焚火をすることはできず、震災時には避難所の外で夜通し焚火をする避難者らの姿がみられた。当然ながら室内は暖房がなく冷えきった状態である。その点、炭化率の高い木炭は煙も匂いも出ない。換気には十分注意しなければならないが、火鉢と木炭があれば暖房としても調理用としても室内での使用が可能である。また炭は石油燃料と違い経年劣化しにくい。

図2-8 生徒による上総掘り（校内）
出所：筆者撮影

図2-9 校内につくられた打ち抜き井戸
出所：筆者撮影

床下や押し入れで保管しておけば、調湿などの効果も高く一石二鳥である。炭化率の高い木炭の製造には前述の移動式高速炭化炉のほか、簡易型の炭化炉なども開発した。

　工業高校には加工機械・加工技術があり、何より純粋な動機で突き動かされる若き技術者の卵が存在する。この技術者の卵にどのような付加価値をつけて技術者として社会に輩出していくのか、工業教育に課せられた使命は大きい。

5．モノづくりの成果と創造性教育

（1）「ものづくり日本大賞（文部科学大臣賞）」の受賞

　A工業高校は「ものづくり日本大賞（文部科学大臣賞）」（部門：ものづくりの将来を担う高度な技術・技能（青少年支援部門））に選ばれている。選考基準は「ものづくり人材育成への貢献度を基準に、とくに優秀な功績を収めた学校」である。A工業高校の具体的な受賞理由は、学校教育目標に「地域の宝になる」ということを掲げ、社会貢献を軸に実践的なモノづくり教育を展開している点である。前述のとおり、東日本大震災においては廃材燃料給湯機などをつくり、モノづくりで被災地を支援した。また、これまでつちかった技術・知識の継承だけにとどまらず、開発型の産業教育を積極的に展

開してきた。校内には「環境エネルギー技術センター」と称する機関を設置し、産学連携による環境機器開発や、出前授業による啓発活動も推進している。以下に、近年の開発実践事例を示す。

開発型産学連携事業

　企業からの依頼や学校独自のアイデアにより製品化または企業などで使用されている機器
- バイオ・ディーゼル製造装置（2004年度）
- 廃油発電機（2007年度）
- 高速炭化炉（2008年度）
- 電気式卓上炭化炉（2008年度）
- 植物育成装置（2009年度）
- 減圧蒸留装置（2011年度）
- 廉価版コンバージョンEV（2012年度）

「エネルギー利用技術作品コンテスト」（主催：日本産業技術教育学会）における文部科学大臣賞受賞作品
- 熱力車（2006年度）
- 双方向水平軸風力発電機（2007年度）
- 廃プラスチック燃料車（2008年度）
- 蒸気発電自動車（2009年度）
- ハイブリッド水力発電機（2012年度）

（2）開発型工業教育への取り組み

　知識の時代は20世紀で終わり、21世紀は知恵の時代といわれている。産業構造の変化やグローバル化に対応するため創造性をいかに伸ばすかが今後の産業教育の鍵となる。イノベーションという言葉が世にあふれ社会が急速に変化しているなかで、工業高校においてもこれまでの工業教育を根底から見直す必要に迫られている。

　その点、製品開発という分野は、これまでの工業高校における産業教育の

範疇ではそう多くは実施されてこなかったが、今後、積極的に踏み込む必要性があり、またイノベーションの可能性を秘めている。無論、これまでの知識・技能の伝承という工業教育の意義を否定することを意味しているのではない。日本のこれまでの製造業の強みは、知識・技能の上にQCサークルに代表されるような、生産現場での漸進型イノベーションの積み重ねであった。これら創造的な活動は、就職してから職場で修得することが一般的と考えられていたが、15歳から18歳という、仕事に縛られず、比較的自由な思考が可能な時期にその能力を高めることが重要と考える。このことは、実際に創造的な「課題研究」を経験した生徒が、自信をもって積極的に、主体的に卒業後の人生を過ごしていることからも推察できる。

6．21世紀の産業教育イメージ

　A工業高校では、これまでの実践的な開発型の産業教育を生かして2015（平成27）年度、「創造性教育」と「ICTものづくり教育」を標榜した「産業創造系」学科を創設（新設）した。これまでの「知識の伝承」や「技能の習得」だけではなく、「問題の発掘」「発想を形にする」「試験・検査で効果の確認」「成果の発信および保護」という、いわば一連の製品開発の流れを産業教育に取り入れ、そのなかで創造性を高めることを目指している。

　特筆すべきは、この工業教育の刷新を具現化したともいえる新学科設置の経緯は、教育委員会や産業教育に関する研究会などからの発案ではなく、教育現場からの提案が契機となった点である。生徒は上述のようなモノづくりに熱中し、中小企業の経営者はこのような活動に理解と協力を示し、また高く評価している。このように開発型の産業教育は、生徒のニーズにも企業のニーズにも応えるものであり、今後の新しい工業高校の形の一つになる可能性を秘めている。A工業高校の例は、これまで産業教育に取り組んできた実績と手ごたえに裏打ちされた結果を、ボトムアップ式で改革につなげたものといえよう。この技術的には決して高度でないが、先進的な取り組みをもとに21世紀の産業教育イメージを提示した（図2-10）。

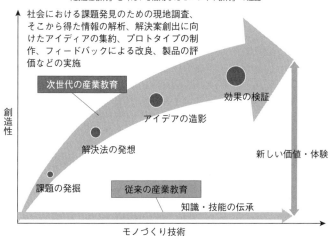

図 2-10　21 世紀の産業教育イメージ（筆者作成）

7．まとめ

　以上、本章では、中等教育における産業教育の成り立ちから、先進的な工業高校の取り組みまで概観した。工業高校卒業生は、地元中小企業には根強い人気で、求人倍率は高い状態が維持されている。一方、工業高校は高度経済成長期に比較すると、学習目標は変遷し、高校全体に対する規模も縮小している。実際に中堅技術者や技能労働者の需要が大きく減少しているなかで、日々進展する社会が期待する人材ニーズに対応した工業高校の学びが設定されることが求められている。松永桂子は、地域の「創造性」はこれまで、主に都市論の文脈で論じられてきたが、持続可能な成長を続けるためには、従来の大量生産・大量消費・大量廃棄のシステムにもとづく工業化や産業化を超えた新たな経済観が求められているという（松永、2012）。本章における A 工業高校の例はまさにそのような創造性を育むものであると考える。

　ここでは、社会に果たす工業高校のあり方について検討するため、数点の

先進的な実践事例を紹介し、工業高校教員の試行錯誤と、工業高校生の積極的な姿勢およびその学びについて示した。

第3章
工業高校における創造性教育と製品開発事例（工業高校モデル）

1．工業高校における創造性教育の理解

（1）工業高校における創造性教育の問題

　工業高校に限定せず、高等学校の教育内容は、文部科学省が提示する高等学校学習指導要領によって規定される。このなかに創造性教育が明記されていることは本書第2章「2．高等学校学習指導要領（工業編）の変遷」において示したところである。しかし、学習指導要領では、創造性の定義も創造性教育の評価方法も示されていない。工業高校においては、科目「課題研究」が唯一、カリキュラムに明示された創造性教育の手段といえるが、ここでも具体的な方法は示されていない。

　したがって、図面通りに加工する組立加工や切削加工、製図やCADなどの実習課題が「モノづくり」という理解であり、「創造性教育＝モノづくり教育」というイメージが強いことから、図面通りに加工する、つまり、決められたとおりに模倣する技能の練習としての「モノづくり」も創造性教育の範疇と理解されている。したがって創造性教育の必要性が示されているにもかかわらず、従前の産業教育との差異が感じられないというのが現状である。

（2）筆者による創造性の定義から導かれる創造性教育の方法

　本章では、創造性の定義として「ある目的達成または新しい場面の問題解決に適したアイデアを生み出し、あるいは新しい社会的、文化的（個人的基準を含む）に価値あるものをつくり出す能力、およびそれを基礎づける人格

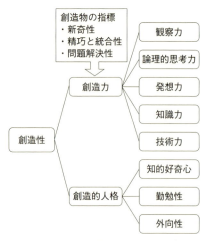

図3-1　創造性の構造（筆者イメージ）

特性である」という恩田彰の定義（恩田、1971）に加え、さらに「価値あるものをつくりだす能力とは、新規性・精巧と統合・問題解決の3要素を備えた製品またはアイデアを創出する能力で、それを基礎づける人格特性とは、知的好奇心・勤勉性・外向性（BTCI：The Big Three Creativity Inventory）である」と結論づける（第6章「創造的人格の3因子モデルの構築」参照）。つまり創造性教育とは、一面で、上記のような創造力と創造的人格を養うことであるといえる。

　ではどのような手段でこれらを養うのか。ここで注目すべきは創造力と、人格という個人に帰属する特徴である。創造力は、力と表現されるがこれは物理的なエネルギーの法則に規定された現象ではない。個人が意図的に対象に働きかけ、物理的あるいは情意的な変化をもたらす作業である。これに対し、人格は人の性格を表すものである。性格形成に関する論争は数多くあるが、ドイツの心理学者 W・シュテルン（W. Stern）が提案したのは、人間の性格形成や能力発達（知能発達）には遺伝要因（生得的要素）と環境要因（後天的要素）の双方が相互作用しながら影響を与えているという「輻輳説」である。輻輳説では先天的な遺伝要因と後天的な環境要因（学習要因）がともに相乗作用（相互作用）を発揮することで、人間の心身の発達（能力・適性

の発達）が段階的に規定されていくというように考えることになるが、現在の発達心理学ではこの輻輳説がより現実妥当性のある仮説として支持されている。つまり、学習要因として人間の性格形成や能力発達（知能発達）が影響を受けるということであるから、教育の意味がある。ただし、性格形成と能力発達で明らかな違いがある。性格は感情や気質による内面的なもので、一般的にコントロールしにくい。例えば、接客業においては、明朗なほうが顧客の評価が高いということから、できるだけ笑顔で対応するように訓練しても、それは性格の変化ではなく、笑顔の表情を維持するという技能にほかならない。これに対し、力は外面的なアウトプットである。「創造力」を構成するのは「観察力」「論理的思考力」「発想力」「知識力」「技術力」であり、これらは、反復練習によりにより学習者がスキルの高まりを実感できるものである。本書の創造性の分析では、創造力を基礎づける創造的人格として、「知的好奇心」「勤勉性」「外向性」という3要因を挙げるが、これらは創造力とは違い、反復練習などの直接的な訓練により、高めることは難しい。なぜなら、前述したように、これらは情意の領域だからである。

　一方、観察力を高めるということは、着眼点や評価のポイントを知ることにより、よりくわしくモノをみることができるようになる。つまり、得られる情報が増えるということである。人間には本来「知的欲求」があることは心理学の分野で支持されており一般的によく知られているが、観察力を高めることにより「発見」の可能性も広がり、結果として知的好奇心を高めることにつながる。

　また、創造力（スキル）が向上すれば、さらに高い課題にチャレンジするようになる。この現象について、チクセントミハイのフロー理論（最適体験）（チクセントミハイ、1996）で説明がつく。フロー理論とは、「行為する人のスキルと、行為の対象である課題が、あるレベルでバランスがとれている状態では、一つの活動に深く没入しているため、精神の集中が起こり、他の何ものも問題とならなくなる状態となる。その経験、それ自体が非常に楽しいので、純粋にそれをするということのために多くの時間や労力を費やすような状態になる」というものである。このことは創造力（スキル）が高まれば、

「勤勉性」も高まることを裏づけている。

「外向性」は、設定項目（p.210、表6-9参照）からもわかるとおり活動性や積極性のことであり、さらにこれらは自己効力感と連関があるとされる（辻、1998）。自己効力感とは、自分が期待する結果を生み出すために必要な行動をどの程度うまくおこなうことができるかという個人の確信である（板野・東條、1993）。このことから、モノづくりにおいては創造力が高まることにより自己効力感も高まることになる。

以上のことから、創造性の具体的なモノづくりの能力を高めることにより、創造的人格の3要素である「知的好奇心」「勤勉性」「外向性」が二次的に高められると考えられる。つまり、創造性の技術的側面である「創造力」を高めることにより、人格的側面である「創造的人格」も高まると考えられる。

2．工業高校における製品開発の位置づけ

（1）工業高校における製品開発の概念

工業高校における製品開発というとあまりなじみがないかもしれない。しかしながら中等教育では、「商品開発」という科目が入っている。2010（平成22）年告示の高等学校学習指導要領（文部科学省）により、高等学校商業科においては、科目「商品開発」が新設された。実際に、商業科の教育実践研究発表というと、地元企業とのコラボレーションや地域素材を使用した商品開発が中心的な位置を占める。

これに対し、製品を製造するのは工業の分野であり、工業科にも製品開発に関する科目が必要と思われるが、今のところ学習指導要領においてはそのような科目は見当たらない。しかし、問題解決型学習の必要性は以前から指摘されており、1989（平成元）年告示の学習指導要領では教科「課題研究」が新設され、一部、工業高校においては製品開発に関する実践がおこなわれてきた。さらに、工業高校の特徴であるモノづくり系の課外クラブにおいても、そのような取り組みがなされてきた。

そもそも、「製品」とは何を指すのであろうか。工業においては、原材料を

第3章　工業高校における創造性教育と製品開発事例（工業高校モデル）

加工したあとの完成品のことであり、製造業においては、主要な商品といえる。国際標準化機構（ISO）が発行した環境マネジメントシステムに関する国際規格（IS）では、製品（product）とはプロセスの結果であるとされ、サービス、ソフトウェア、ハードウェア、素材製品に分類されており、実際にサービスやソフトウェアも製品と呼ばれている。米谷雅之は、製品は、企業と顧客がその各々の目的を達成するための相互の手段として機能するとしている。そして、一方で財務的および非財務的目的を達成しようとする企業の要求と、他方で、それによって物理的有用性および心理的目的を達成しようとする顧客の欲求とを満たしうるものでなければならないという考えから、製品は企業にとっては経営の基本的性格を決定づけるものであり、そのためには顧客の欲求基盤に深く根をおろしていなければならないと主張している（米谷、1997）。以上のようなことから推察すれば、製品は、経営分野の要素であり、製品開発は、経営マネジメントの一部であるといえる。

（2）工業高校における製品開発の実践

工業高校において「製品開発」を目的とした実践は全国的にみても数が少ない。ここでは、第2章で紹介したA工業高校の科目「課題研究」と課外クラブである「自動車部」における実践を取り上げ、くわしく紹介する。科目「課題研究」の実施においては毎年度、事前におこなう生徒への調査にもとづいて、大まかなテーマと担当教員を決定し、実施年度において、生徒は10名以内の班編成でテーマを選択する。みずから課題を設定、明確化したうえで1年間の「課題研究」に取り組む手続きをとる。班編成の人数に幅をもたせ、ほぼ全員の生徒が、希望のテーマを選択することができる。

とくに成果をあげている課題研究B班は、例年、環境テクノロジーをテーマとして環境機器開発を手掛けている。B班の目標設定は、環境機器を開発して製品化し、社会に広められるところまで意識している。しかし、高校の設置目的は、「高度な普通教育及び専門教育を施すことを目的とする」（学校教育法）であり、一般的に高校で製品を製造して販売することは設置目的から外れるため不可能である。これは時間・設備・保証などの側面から考えて

も現実的ではない。よって、プロトタイプの製作と完成度の高い設計をすることで、アイデアと技術をPRする。これをもって企業などに働きかけ製品化を目指すのである。

3．事例1──BDF（Bio Diesel Fuel）製造装置

　この事例は、2005年度、科目「課題研究」で約半年かけてプロトタイプを製作したものである。関わった生徒は、総勢8名である。B班の生徒が選定したテーマである「BDF（Bio Diesel Fuel：バイオ・ディーゼル・フューエル）」とは、生物由来油（とくにてんぷら油などの植物由来油）からつくられるディーゼル・エンジン用燃料のことである。わが国では2000年代より関連する研究が活発におこなわれ、自治体や企業レベルで製造プラントなどの施設の導入も進められてきている。BDFはそのほとんどが飲食店や家庭などから排出される廃油をもとに製造されている点、軽油にかわるカーボン・ニュートラル燃料とされている点などから、環境問題やエネルギー資源の議論において、しばしば登場する。また教育用題材としても西ヶ谷浩史ら、島田和典らの研究をはじめ、その実践報告がある（西ヶ谷ほか、2010；島田・森山、2012）。

（1）テーマ探し

　4月当初からテーマが決まっていたわけではない。はじめてのミーティングで、指導教員により数種類の研究材料が示された。そのなかで指導原理として「エコ条件・リサイクル条件」として、

　　①不用品
　　②廃棄困難
　　③大量に出る

ものの活用を提示し、それにより、間伐材の有効利用や、有機ゴミの堆肥化、

太陽エネルギーの利用や、水力・風力の利用が出てきた。

（2）メリット・歴史の調査・原理の学習

　生徒が選択したのは廃油の利用である。選択理由の最大要因は、当時珍しかったということである。

　そこで、メリット・歴史の調査・学習を指示した。

　BDF 製造の原理は、脂肪酸をアルカリ触媒でエステル置換することにより、メチルエステルとグリセリンに分離するものである。その原理は難しいものではなく、100 年以上前から知られていた。つまり、手順を知っていれば家庭のキッチンでもできる作業レベルである。エステル置換により生成されたメチルエステルは、粘度が低く発火点も下がるので、軽質油代替燃料となる。ディーゼル・エンジン（Diesel Engine）は、ディーゼル機関とも呼ばれる内燃機関であり、ドイツの技術者ルドルフ・ディーゼルが 1892 年に発明した往復ピストンエンジンである。ディーゼル・エンジンが、ピストンを用いて圧縮加熱した空気に、液体燃料を噴射することで着火させる圧縮着火方式であるため、液体燃料は発火点を超えた圧縮空気内に噴射されることにより、自己発火する。単体の熱機関で、もっとも効率に優れた種類のエンジンである。また軽油・重油などの石油系のほかにも、発火点が 225℃程度以下の液体燃料であれば、スクワラン、エステル系など、広範囲に使用可能である（杉本、2006）。BDF の主成分はメチルエステルであり、発火点は 150℃前後であるため、BDF でも運転可能である。ディーゼル・エンジンが発明されたのは、100 年以上前のことである。当時、石油は非常に高価で手に入りにくかったため、植物性油（当時はピーナッツ油使用）で稼働するエンジンとして、ディーゼル・エンジンが開発された。その後、石油採掘技術の進歩にともない、石油の安定供給と低価格化が進み、軽質油を主な燃料とするようになった。つまり、元来、ディーゼル・エンジンは植物油で稼働していたのである。そのような史実が生徒には新しい発見であったという。

　まとめると、BDF は、

①需要量が多い
②廃棄物問題を解決できる
③カーボン・ニュートラルである

などのさまざまなエコ的に優れた条件をもっていることがわかった。

（3）机上シミュレーション（経済性、有用性のアセスメント）

　課題研究B班では、開発に先立ち、装置の位置づけのシミュレーションをおこなっている。現在、社会における廃食用油はどのように処理されているのかをインターネットで調査した。その結果、廃食用油は多様な処理を施されていることがわかった。一定規模の事業所から出る廃食用油は、①定期的に、②まとまった一定量が、③均質な状態で出されることからほとんど100％リサイクルされる。これらは、有価物として流通にのる。一方、近隣地域での聞き取り調査からは、弁当屋や豆腐屋など、比較的油の消費量が多い小規模店舗から排出される廃食用油は、食用油の販売業者が納品配達時に無料で回収しリサイクルするシステムになっていた。また、京都市などの一部自治体では環境保護活動の一環として地域住民のボランティアにより分別回収されていた。京都市の場合は、大規模な処理工場でBDFに精製され、市バスやパッカー車の燃料に利用されていた。班員が自宅で聞き取りしたところ、家庭用から排出される廃食用油は、その多くが凝固剤「固めるテンプル」（商品名）での処理や、古新聞などに吸わせて生ごみとして処理されていた。やはり、家庭では廃食用油の処理は困難であることがわかった。また、聞き取り調査をしていくなかで、山間部の豆腐店や飲食店では、食用油の配達に宅急便が利用されていることがわかった。このような小規模店舗では、回収のシステムがなく、自前で処分しなければならない。一部には、畜産農家で家畜の餌に混合して利用する事例や焼却するところもみられたが、多くは凝固剤による処分であった。廃食用油は、各家庭や飲食店など、比較的小規模の発生源も多い。これらは先に挙げた事業所の廃食用油条件には当てはまらず、リサイクルされにくい。場所当たりの発生量が少なく、性状が均質

でないため、回収とリサイクルの両面においてデメリットとなるからである。しかし、廃食用油は社会全体から必ず生成される物である。一例であるが、小規模店舗といっても豆腐店から排出される廃食用油は、1ヵ月に80L程度あった。小規模な市や町単位での廃食用油のリサイクルを考えた場合、家庭や小規模店舗から出る廃食用油でも、回収に協力が得られれば、相当な量がコンスタントに集まると考えられた。

　また、既存のBDF処理装置に関しては、廃食用油の回収先からBDFの製造方法、需要先までを丁寧にシミュレーションした。BDFの需要がなければ、苦労して製作しても不要の長物になるからである。当時1997年度から始まった京都市の「廃食用油からのバイオ・ディーゼル燃料化事業」がよく知られていたが、これは73億円という巨額の公的資金がつぎ込まれ、日産4000Lの処理能力をもったプラントである。残念ながら経済的価値において設備投資が回収できることはないであろうことは容易に判断できる。では逆に、小型の装置は存在しないのか調べたところ、環境機器を取り扱うS社から100Lのバッチ処理タイプが発売されていた。筆者の調べでは、当時200台が使用されていた。この機械は、売価350万で販売されており、メーカーによるレンタル事業も実施されていた。実は、レンタル事業によるユーザー獲得がうまくいっていたのである。レンタル代は月に5万円で、原則6年間契約になっていた。このような装置を導入しているところは、授産施設やNPOが多い。授産施設とは、心身に障害があり一般企業に就職することが難しい人が、自立した生活を目指して働く場所で、自治体からの補助金を頼りに運営されている。このため、少しでも利用者の賃金を増やすには現金収入につながる事業を展開することが肝要となる。一般的には、パン製造販売や小物製造販売などの軽作業により、製品をつくって販売するビジネスモデルが多くみられるが、作業には指導員の介助が必要であり、力仕事ができないなど、作業効率は低く収入は伸びない。そのようななか、BDF製造販売は、原料である廃食用油をボランティアの協力により無償で回収してBDFを製造し、投機で高騰していた軽油より、安い価格でBDFを販売できるため、純粋な商品価値で利益を見込んだ事業所が多かった。

まとめると、BDFは、

　①量は確保できる。
　②小型の製造機ビジネスの成功がある。

というメリットがある。
　京都市は4000Lだが、S社は100Lで、350万円、リースだと6年間は月5万円ですみ、レンタル事業のユーザー獲得がうまくいっていることがわかった。その結果、S社に着目することにした。

（4）実験室シミュレーション（原理の実証実験）

　B班では、まず、実験室レベルで実際に家庭からもち寄った廃食用油で実験を試みた。製造方法は、アルカリ触媒法によるエステル置換である。この知識もインターネットにより得たものである。容器には、1.5LのPETボトルを利用し、比較的簡単に1LのBDF（メチルエステル）が製造でき、これを市販の小型発電機で使用した。発電機は、何の問題もなく稼働し始め、班員一同、感動を覚えたという。

（5）フィールドワークによる問題発見

　この実験と並行して、BDFを製造している授産施設で、フィールドワークをおこなった。

【問題点1】重さ、劇薬の点で危険
　そこで明らかになったことは、作業のほとんどを、指導員がおこなっていることである。その理由は、危険をともなう作業であることから、施設利用者には作業が難しいということである。S社の装置は、原料投入口の高さが1m以上もあり、18Lの携行缶に入った廃食用油を、溢さず投入することは健常者でも簡単ではない。また、油を扱うことから床が滑りやすく、転倒の危険もある。

第 3 章　工業高校における創造性教育と製品開発事例（工業高校モデル）

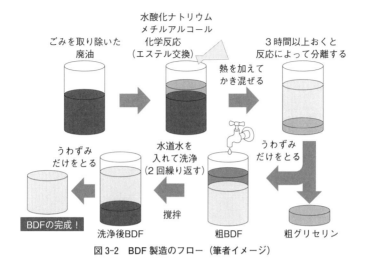

図 3-2　BDF 製造のフロー（筆者イメージ）

　さらに、BDF の処理工程にはメチルアルコールと水酸化ナトリウム（強アルカリとして劇物指定）を混合撹拌し、それを廃食用油に投入するという作業があり、非常に危険である。よって、障害をもつ施設利用者ではなく、指導員の仕事となっていた。

【問題点 2】品質問題（水分問題、不純物問題）

　BDF 製造の処理フローを、図 3-2 に示す。BDF 製造の原理は、脂肪酸をアルカリ触媒でエステル置換することにより、メチルエステルとグリセリンに分離するものである。廃食用油から分離される粗グリセリンは、純度が低く、廃食用油内のゴミや水分も混合した形でメチルエステルと分離される。グリセリンはアルコール類であり、純度の高いものであれば、化粧品や医薬品の原料として有用であるが、粗グリセリンを精製するには、新規製造するよりもコストがかかるため、廃棄せざるをえない。S 社の装置は、原始的な作業をパッケージ化したもので、反応行程と水洗行程は、共用のタンクが一つだけで、そこにヒーターと撹拌用のプロペラがついており、制御装置としては、タイマーと温度センサーでそれらをコントロールしている。また、精製時間を早めるため、添加物を投入している。しかし、一連の作業中は、つ

ねに何かの作業があるわけではなく、待ち時間が多い。廃食用油とアルカリ触媒を投入したあとは、反応＝静置沈殿を待つだけである。また、粗グリセリンの沈殿が終われば、それをタンクの底から抜き、今度は水を入れて攪拌し、メチルエステル中にある水溶性の不純物（残留グリセリンや鹸化成分）を取り除き、再び静置沈殿して、分離した水をタンク底のコックから排出する。この作業を2回繰り返し、BDF（メチルエステル）のできあがりである。それゆえ、指導員が従来業務をこなしながらでも、何とか運転できる状況である。しかし、これでは障害をもつ人の就労支援という本来の目的から逸脱している。

また、できあがったBDFの品質は低い。当時はまだ日本に法的な基準が整備されていなかったが、欧州の規格からは、水分含有量やメチルエステル含有量など、数項目が外れていた。実際に授産施設では、送迎に使うマイクロバスに100％の燃料を使用したが、エンジンの燃料ポンプが故障し、相当な修理費用が発生したという。その後、100％での使用はしていない。

（6）困難の分解と課題設定

以上のようなことから、課題研究B班では、克服すべき課題を次のように設定した。

> ①作業者が安全に作業できること。さらに、何に対する安全かという視点から、「重さの危険」と「劇薬の危険」に分類した。
> ②BDFの品質の向上。また、品質においては「水分の除去」と「不純物の除去」に的を絞った。

そこで、具体的におこなうのは、ブレインストーミングである。これまでに得た情報を提示し、できるだけテーマを絞りこむ形で課題設定をおこなう。初回は、BDF製造の問題点を話し合う。そのなかで上記の課題が浮かび上がった。

（7）アイデアの創出

安全性の課題解決
【課題１】「安全性」をどう担保するか

　B班では、ことあるごとにブレインストーミングを繰り返した。これは、課題解決はもちろんのこと、課題の共有という機能を重視してのことである。そのなかで、ポンプを付けて送油すればという案が出されたが、送油ポンプは高価で、メンテナンスの頻度も高い。パイプのなかに油が残る量も少なくないなど、問題があった。

【解決策１】 バキュームポンプによる送油

　そこで掃除機みたいに吸えたらという発想からバキュームポンプの設置が決められた。タンクを減圧することにより、送油ポンプを付けなくても、気圧差で廃食用油を吸い上げることができる。しかも負圧による吸引なので、携行タンクの隅まで吸引し、ホース内に付着する油も些少である。また、メチルアルコールに水酸化ナトリウムを溶解したメチルオキサイド（劇物）も、上に持ち上げ投入しなくても吸引できる。つまり、廃食用油も強アルカリ薬剤も、足元の位置から、何の力もかけずに、タンクに移動させることができるのである。これにより、安全性は飛躍的に向上する。

品質向上の課題解決
【課題２】 水分をどう抜くか

　もう一つの課題である水分の除去に関して、一般的な装置は、ヒーターにより水の沸点（100℃）まで油温を上げ、水分を蒸発させていた。しかし、油の温度を上げれば、酸化が進み、油が劣化することが問題となる。

【解決策２】 減圧による沸点の低下

　そこで、タンク全体を減圧することにより、水の沸点を低下させることにした。エステル置換は60℃で反応が促進されるので、反応タンクの温度設

図 3-3　BDF 製造装置のプロトタイプ
出所：筆者撮影

定は 60 ℃になっている。沸点を 60 ℃以下まで下げれば、油を劣化させず、水分を効率よく抜くことが可能になる。安全性確保のため設置するバキュームポンプがタンク内の減圧にも利用できる。つまり一石二鳥の活用である。

【課題 3】 不純物をどう抜くか

不純物の除去については、静置沈殿時間を長くかければ、それだけきれいになることが理解できる。しかし、エステル置換と静置沈殿を一つのタンクでおこなえば時間がかかる。

【解決策 3】 タンクを二つにして同時進行

そこで、反応タンクと洗浄タンクを分けることにより、時間のかかる二つの処理が同時進行でできる。これにより、静置沈殿時間を長くとることができ、不純物をしっかり抜くことができる。

部材の選定

【課題 4】 最適なバキュームポンプの選択

バキュームポンプといっても、その仕組みは一様ではない。回転型、ダイヤフラム型、スクロール型など、用途に応じて多様な種類を有する。

【解決策4】インターネットで情報収集→ダイヤフラム型バキュームポンプ

　バキュームポンプの選定については、インターネットで調査した。専門的な知識を有しなくても、わかりやすく説明した資料が各メーカーから公表されている。以前は、専門書を取り寄せ、直接メーカーに問い合わせるなどしても、説明が難しく、高校生では理解できなかったであろうが、インターネットの発展により、それらの専門知識は一部専門家のものではなくなった。いわゆる知識のボーダレス化である。その結果、耐薬品性があり、水分の混入にも強い、ダイヤフラム型を選択した。

（8）ラピッド・プロトタイピングと検証

　すぐに、プロトタイプの製作にとりかかる。プロトタイプの大きさは、20L処理タイプである。これは授産施設で1回に投入する容器が18Lの携行缶であることから提案されたものである。プロトタイプをつくるに当たり、液体の変化が目でみえるほうがよい。そういう意味では、PETボトルでの実験は理にかなっていた。耐久性を求めないかわりに、作業自体はリアルなほうがよい。結局、アクリル板を切り貼りしてタンクをつくり、接続部の補強とタンクの保持を兼ねて、組立式のスチール棚の支柱をボルト止めして製作した。タンクは、効率を考え反応タンクと洗浄タンクに分けた。反応タンクには、電熱器のニクロム線を内部に配し、攪拌用のスクリューは、電動ドライバを流用した。洗浄タンクの攪拌には、水槽用のエアーポンプを配した。エアーを送ることにより水とメチルエステルを攪拌した。製作にかかった費用は、アクリル板が7000円程度と、バルブ関係、スイッチ関係を入れて1万円程度であった。スチール棚の支柱は、校内のゴミ置き場に廃棄しているものを取り外した。エアーポンプは、生徒が自宅で不要になった金魚用のものをもってきた。電動ドライバは、スイッチが壊れて使えなくなっていたものを流用した。アクリル板はプラスチックカッターで切り分け、接着剤で成型した。底面は、逆四角推になるように製作して廃液口に傾斜を設けた。接合部にはシリコンシーラントを使い、漏れを防ぐとともに強度を高めた。製作期間は2週間である。

図 3-4　BDF 製造装置の完成型
出所：筆者撮影

　実際に、この装置で BDF を製造したところ、問題なく製造できた。この BDF 製造装置を何度か使用しているうちに、やはり授産施設で明らかになった問題点を明確に感じるようになった。しかし、ラピッド・プロトタイプでは、減圧タンクまでは実現できなかったので、室外用の掃除機を使って廃油を吸引してみた。20 L 容器に入った廃油は、見事に吸い取ることができたので、減圧吸引による油送が簡単にできることがわかった。

　このように、完成度は低くても、あるもので即興的にプロトタイプを製作することを、「ラピッド・プロトタイピング（rapid prototyping）」という。

（9）製品化へのアプローチ

製品と企業とのマッチング

　設計が終了すれば、次は製品化に向けて企業への売り込みである。扱う素材が廃食用油であることから、食品加工に関わる装置をつくっている H 社を選択した。H 社は、食品加工機械（業務用のハムやソーセージを製造する大型の装置）のメーカーである。社員 50 名程度の中小企業であるが、ハム製造装置の国内シェアは 60％である。

プロトタイプをみせ、体験させる

　まず、開発部長にプロトタイプを実際にみていただき、製造した BDF を使用して車を走らせてみせた。さらに、廃食用油処理の現状と可能性を示し

た。後日、社内会議で製品化が決定し、1号機がつくられた。これは、完成度の高いプロトタイプとしてA工業高校へ納品され、繰り返し使用実験をおこなった。その後、学校や自治体からBDF製造装置の発注があり、2号機が完成型となり、現在も受注生産されている。

製品の概要は、以下のとおりである。

　製品名：小型BDF製造装置
　処理能力：a．20Lモデル、b．200Lモデル
　販売価格：a．150万円、b．350万円

開発したA工業高校に、経済的利益はない。ただし、1号機は工業高校に貸与され、引き続き研究に供されたことにより、1号機の製作にかかったコストが経済的利益といえなくもない。無論、1号機の活用により2号機以降が改良され、完成型となったほか、1号機をもって、外部への情報発信もおこなったので、改良・宣伝という面から企業にとってもメリットは大きい。

4．事例2──高速炭化炉

本事例は、2008年度、課外クラブで約1年かけて取り組まれた製品開発の実践例である。

A工業高校自動車部では、脱石油化社会を目指して、木炭の利用を推進するため、木炭ガス発電機や木炭自動車を製作した。もともと燃料となる木炭は、高価である。木炭といってもホームセンターで売られている100円/kg程度の安価な木炭は、炭化度が低く水分も多く含まれ、木炭ガスエンジンを駆動させることはできない。木炭自動車を駆動させるには、300円/kg程度の高純度の木炭が必要で、木炭自動車を製造しても、ランニングコストが高くなり経済性はきわめて低い。つまり、製品化しても需要はないことが予想されたが、環境啓発活動という観点からは評価が高く、実験車として製作することになった。

3. 事例1：BDF（Bio Diesel Fuel）製造装置の開発モデル

Stage1 テーマ探し

環境問題についてのテーマを列挙

間伐材の有効利用や、有機ゴミの堆肥化、太陽エネルギーの利用や、水力・風力の利用等

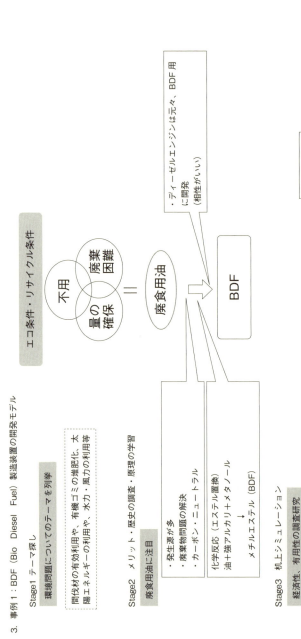

Stage2 メリット・歴史の調査・原理の学習

廃食用油に注目

・発生源が多
・廃棄物問題の解決
・カーボン・ニュートラル

化学反応（エステル置換）
油＋強アルカリ＋メタノール
　　　　　↓
メチルエステル（BDF）

Stage3 机上シミュレーション

経済性、有用性の調査研究

1) 軽油の代替 ＝ 需要は大
2) 経済採算性
　　京都モデル：4000L（73億円）
　　S社モデル：100L（350万円）

Stage4 実験室での少量の実験

PETボトルでの少量の実験

第3章 工業高校における創造性教育と製品開発事例（工業高校モデル）

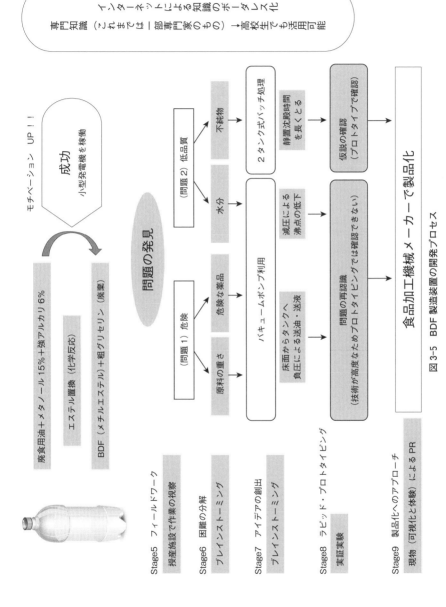

図3-5 BDF製造装置の開発プロセス

日本における木炭自動車の技術は、戦前戦後のガソリンの輸入が封鎖されていた頃の産物である。1939 (昭和14) 年、帝国陸軍がドイツからフォルクスワーゲンの木炭自動車を購入し、日本で研究された。その後、多くの自動車が木炭自動車に改造されたが、ガソリンの輸入が安定する昭和30年代には、消え去った。これらの技術の資料は、ほとんど残されていないが、原理と構造が簡単であるため、工業高校の設備でも、製作することができた。自動車部では既存の軽自動車に、自作の木炭ガス発生装置を取り付け、実際に駆動に成功した。

(1) テーマ探し

　エンジンの調整と、データを得るため、5回程度の実験をおこなったが、1回当たりの実験に必要な木炭は約15kgで、およそ5000円を要した。主体は、高等学校の課外クラブであるため、研究資金はほとんどない。燃料となる木炭代が想定以上に高く、十分な実験ができない。そこで、自前で炭を焼くことが提案された。木炭の原料は木である。つまり生物由来のバイオマス燃料であり、カーボン・ニュートラルである。炭焼きは、脱石油化社会を目指してエコな乗り物をつくるという、自動車部の目的にも合致している。

(2) メリット・歴史の調査・原理の学習

　自動車部では、インターネットや文献をあたり、炭焼きに関する情報調査をおこなった。そのなかで、炭焼きの歴史は紀元前にさかのぼること、昭和30年代頃までは、調理や暖房の重要な燃料として使われていたこと、日本各地で生産されていたことなどを知った。また、逆に昭和30年代以降は、石油やガスが主要な燃料となり、木炭製造は、急速に減少していき、現在では、ほとんど炭焼き職人はいないことがわかった。炭焼きは、10年から15年くらいの周期で、定期的に里山の木を伐採して炭材とする。炭焼き産業が、減少することにより、里山が手入れされずに、荒れているということもわかった。

　つまり、原料となる木材を、手入れされない里山の間伐材を用いれば

①不用品
②廃棄困難
③量の確保

という、エコ素材の3条件を満たしていることがわかった。

現在でも、各地の環境保全を目的とした里山保全ボランティア団体が、炭焼きを続けている。これら団体の活動は、間伐材の有効利用を目的としたものである。国産材の需要が減り、手入れされない放置林が社会問題化して久しい。このような放置林を間伐し、間伐材を炭化することは、有効な利用法である。A工業高校が在所する市の近隣にも、このような里山保全ボランティア団体が存在することがわかった。

（3）フィールドワークによる問題発見

クラブ員6名で里山ボランティアに参加し、炭焼きを体験した。この里山ボランティア団体では、年に2回から3回程度炭焼きを実施している。しかし、多くの森林保護団体で炭焼きを実施しているが、本格的に実施されてはいない。この理由について、たった1回の炭焼き体験から推察することができた。

部員たちが参加した炭焼き体験は、1日では終わらなかった。団体の炭焼担当者が、斜面の形状を利用してつくられた小型の炭窯に炭材（このときは竹）を詰め、着火した。数時間後、焚口に煉瓦と粘土で蓋をして、取り出せるのは2、3日後という。3日後、再び山に入り炭窯の蓋を開けたところ、そこには白い灰しか残っていなかった。炭焼き担当者によると、酸素の流入を止めきれずに炭材が燃えきってしまったということである。また、酸素を断つタイミングが早ければ、炭材は焼け残りの状態となり、完全に炭化されない部分が残るという。つまり、炭焼きは、熟練の技術と勘に依存した作業である。

木炭自動車の燃料を確保するため、炭焼き体験をすることになったが、このフィールドワークにより、里山保全活動の問題がみえてきた。もともと、

環境啓発活動の一環で木炭自動車を製作していた自動車部としては、この問題を解決することに意義を見出し、新たなテーマとした。ただし、里山保全ボランティア団体に依頼されたわけではない。団体では「炭焼き」は大変難しく、「簡単にはできない」ものという認識がある。つまり、現状にさほど疑問もなく「難しいこと」として受け入れられていたので、改善の余地を意識したことがないようである。

　自動車部では、もっと簡単に効率よく炭化するという目標を掲げ、新しい炭窯の開発に取り組んだ。まず、問題の整理である。炭焼き体験をしたとき、炭材は間伐材ではなく竹であった。聞き取り調査では、現在、放置林がさらに悪化し、竹林被害が深刻だということである。竹林被害とは、竹が人工林や雑木林を侵食しだして、竹林が広範囲に広がることである。こうなると他の樹木を枯らし、動物も通れないほど竹が密生する状況となり、生態系が破壊される。竹が、他の樹木と圧倒的に違うのは、1年間で20ｍも成長することである。そのため、中低木に陽が当たらないほか、養分の吸収力も高く周りの樹木を枯らすのである。このような理由から、竹を炭材として選択した。

　つまり、竹は

①不用品
②廃棄困難
③量の確保

という、エコ素材の3条件を、他の樹種の間伐材より、さらに満たしていることがわかった。

（4）困難の分解と課題設定

時間がかかる
　炭焼きで、問題となることについて検討した結果、時間がかかることが問題であると気づいた。これにはボランティア活動特有のパターンが関係する。

ボランティアは、余暇の仕事である。つまり、月に1日か2日が活動日である。しかも連続ではなく、第2週と第4週の日曜日というように間隔があく。このなかで、2日間、3日間と日をまたぐような炭焼き活動は成立しにくい。コンスタントに実施するには1日で、しかも日中で作業が完了する必要がある。つまり、最大6時間程度で収炭できれば最適である。

　もう一度、炭焼きの行程を検証した結果、窯内の昇温と降温に時間がかかることから、なぜ時間がかかるのかを考えた。従来の炭焼きでは、炭化反応を安定して継続させるための保温性能を確保するため、炭窯には分厚い土壁を用いる。そのため、炭化時には土壁を昇温させるのに相当な時間がかかるのではないかという結論に達した。逆に、炭化終了後、取り出せる温度まで降温させることにも、同じように時間がかかっていると考えられる。

熟練者でないとうまくできない

　ブレインストーミングで、熟練の技を分解する。熟練の技術が必要となるのは、「窯止め」と呼ばれる焚口の密閉のタイミングと施工の仕方である。また、熟練者は窯内の温度を上げるため、炭材の並べ方や、燃料となる薪の燃やし方について、微妙なコントロールをしている。これらは、酸素供給のコントロールである。さらに、どの段階で火を止めるか絶妙な判断をする。この判断を誤れば、炭材はすべて燃えて灰になったり、生焼けの状態で、未炭化の部分が残ったりする。つまり、炭焼きの難しさは、加熱と酸素の遮断であると断定した。さらに里山ボランティアでの実施と考えた場合、熟練者は望めない。つまり誰が焼いても失敗しない、熟練を必要としないシステムが必要である。

炭材を運ぶ重労働

　炭焼きの困難さは、重労働である。山地であることから、土地には高低差がある。伐採した木材は、竹であっても水分を含み相当重たい。これに対し、里山ボランティアでは、高齢者が多いという特徴がある。炭材を運ぶのも一苦労である。

（5）アイデアの創出

　自動車部のメンバーは1年2名、2年1名、3年3名の男子6名である。作業場の中心には、大きめの定盤（罫書き作業や計測作業をおこなう平らな鉄製の作業台）が設置してあり、それを囲んでミーティングをおこなう。そこに、紙を置き、ブレインストーミングをおこなう。作業中である場合は、床に座り、チョークで作業場の床にアイデアを書きミーティングを進める。つまり、頭のなかにある疑問やアイデアの可視化をおこない、全員で課題を共有するのである。

　炭化についての知識はインターネットや書籍で調査している。その結果、炭化は燃焼ではなく、熱による化学変化であることがわかった。この事実から、炭材に直接火を当てる必要がないため、密閉された鉄製の筐体に入れて、筐体ごと熱すればいいという結論に達した。

時間がかかる

　土壁にかわるものはないか検討した。この結果、セラミック・ウールの断熱材を用いれば、保温性能は保ちながらも、昇温降温に、土壁ほど時間はかからない。また、野菜や果物を、そのままの形で炭化する「花炭」というオブジェがあるが、蓋つきの菓子の缶に炭材をいれて、焚火に入れておけばそのままの形で炭になる。このことを応用して、熱源は灯油バーナー（5万kcal）による外燃式とした。一般的に、黒炭を焼く炭窯の温度は600〜800℃といわれている。炭材が入っている筐体の内部温度を測り、目的の温度に到達すれば加熱を中止すればよい。

熟練を必要としない

　加熱は、炉内の温度計と灯油バーナーを使用すれば、勘ではなく、データで管理できる。酸素の遮断は、もともと金属製の筐体に入れて焼くという方法である。これにより、最初から蓋をした状態で加熱するので、炭材から発生する湯気や揮発成分で筐体は満たされており、酸素が入る隙がない。つま

り、いくら加熱しても炭材は酸素が無いと燃焼しないので、灰になることはない。以上のことから、誰でも失敗しない炭焼きは、実現可能である。

省力化

　炭材を運ぶのが大変であれば、炭窯を動かせばよい。これにより炭材採集現場に近いところで作業できるようにするためである。また、移動できれば保管やメンテナンスがしやすくなることから、管理面でもメリットが大きい。逆転の発想である。問題は、大きさと重量である。例えば、軽トラックに載せて移動するのであれば、道路運送車両法上350kg以下である。炭窯は、窯全体を数百度まで昇温させるため、断熱性が必要である。従来は、粘土や煉瓦といった重量物で外壁を組んでいた。高性能な断熱材として用いる、セラミック・ウールは、大変軽く、軽量化にも多大な効果をもたらすため一石二鳥である。

（6）机上シミュレーション（経済性、有用性のアセスメント）

　容量をどうするか。軽トラックに載せられる大きさというと、縦2m×横1.4m未満である。断熱材やバーナーの出っ張りを考えると、ドラム缶1.5本分の300Lが妥当であろうということになった。300Lという容積は、既存の炭窯（平均4000L）に比べれば13分の1である。

　しかし、6時間で1回の炭化が完了できるとすれば、朝から稼働し、日中1回、夜から稼働して朝にとり出せば、1日2回の製炭が無理なく可能である。通常の製炭は、3日間かかるわけでるから、3日で6回繰り返し製炭できる。さらに、竹炭に関していえば、本職でも収炭率（重量比ではなく形状比）が30％前後というところを、100％収炭でき、しかも通電するほど炭化度は高い。つまり、300L×6回×効率3倍という計算では5400Lの窯容積に匹敵することになる。

（7）実験室シミュレーション（原理の実証実験）

簡易な装置の製作

　早速、長さ300 mm、縦・横150 mmの簡単な鉄製の筐体を、曲げ加工と溶接で製作した。蓋はボルトで固定し、気密性は高くないが、密閉容器容器である。煙が発生することが予想できたので、筐体に13 mmの鉄製パイプで排気口を設置した。

実証実験

　500 gの竹材を筐体に詰め、校内において電熱器で焼いてみたところ、予想以上の煙が発生した。校舎外であったが、煙の臭いもきつく、通常、このような場所では実験できないレベルであると判断した。この煙を調べてみたところ、炭化の初期には、真っ白な煙で、金属製の工具に当てたところ、すぐに金属表面に水滴が付いた。このことから、炭材に含有されている水分が、湯気となって出ていることがわかった。中盤からは、薄黄色になり、臭いもきつく感じられた。あとで、書籍やインターネットにより調べたところ、セルロースやヘミセルロース、リグニンが熱により分解され、煙となって放出されていることがわかった。その後、2時間程度で煙もほとんど出なくなり、加熱を終了した。筐体内部の竹材は、完全に炭化していた。

結果の分析

　前述の「花炭」では、焚火のなかに缶ごと投入しているが、それほど煙は出ない。もちろん、蓋の隙間からは、大量の煙が流出しているはずである。つまり、炭材から出る水分や乾留ガスは、火炎にあたることにより、湯気は水蒸気化して無色に、乾留ガスも燃焼により無色になっていると推察できた。2回目の実験では、電熱器で炭化している筐体から発生する煙にガスバーナーの火炎を当てたところ、炭化初期の湯気はバーナーの炎が当たっている部分が透明になった。これは湯気が熱を受け、無色透明の水蒸気になったためである。また、中期には、煙の色が薄い黄色になってくるのだが、このあた

りになると、湯気は少なくなり煙が燃焼しだす。これは、乾留ガスがバーナーの炎で燃焼している状態である。さらに、炭化が進むとバーナーの火炎を煙から離しても煙は燃焼を続け、まったく煙はみえなくなる。やがて、排気口の火は消え、煙も出なくなる。この煙の変化は、実際の炭焼き工程と同じである。焼きあがった炭は非常に軽く、抵抗値は、1cm当たり2Ω程度で炭化度は非常に高い。できあがった炭の燃焼試験でも、煙はまったく出なかった。この実験で、基本的な技術の知見は得られた。この時点で洗い出された課題は、①炭化時間は6時間以内で、②熟練者ではなく誰が焼いても失敗しない、③移動可能な、④煙も出さない炭窯の開発である。

新たな課題——大量の煙をどうするか

　煙を出さない方法としては、小型の電熱器で試したように、煙を火炎に当てることで透明化する。筐体の内側から、排煙口をパイプで引出し、灯油バーナーの火炎口に当てる構造とした。これにより、炭化中期以降は乾留ガスが燃焼するため、灯油の節約になる。また、乾留ガスは、炭化水素系のガスであるため、温暖化効果が、二酸化炭素の数十倍という環境負荷の高いものである。このガスを燃焼させることにより、二酸化炭素と水になることから、環境負荷の低減になる。これも一石二鳥である。

（8）ラピッド・プロトタイピングと検証

　アイデアが一通り出たところで、プロトタイピングに入る。この炭窯の名前を「移動式高速炭化炉」とした。内側の炉は全長1200×全幅600×全高450mm、厚さ2mmのステンレス板で製作した。熱応力による筐体の変形が懸念されるので、Lアングルの枠を4ヵ所、帯状に設置した。断熱材は、50mmのセラミック・ボードで内側の炉をカバーし、さらに50mmのセラミック・ウールを巻いた。外装は1.5mmのアルミ板で覆った。プロトタイプは、1回の試験で熱によって大きく変形した。3回目の試験では、筐体の変形により蓋から漏れた乾留ガスに灯油バーナーの火が引火し、灯油バーナーを燃やした。プロトタイプ1号機は耐久性に問題があったものの、計画通

図3-6 移動式高速炭化炉
出所:筆者撮影

図3-7 高速炭化炉完成型
出所:筆者撮影

りの良い炭が焼けた。炭化時間は、加熱3時間程度で、稼働から6時間後には竹炭を取り出すことができた。

　これらの知見をもとに、プロトタイプ2号機は、内側の筐体を円筒形にし、厚みは6mmにした。また外装もそれにあわせて半円形とし、外炉の火炎が、内炉のほぼ全体に当たる構造とした。これにより、耐久性は飛躍的に増したが、重量は700kgとなった。軽トラックでは運べないが、4ナンバーの小型トラック仕様とした。この移動式炭化炉を小型トラックに載せて、お世話になった里山ボランティアや林業家の前で披露した。里山ボランティア団体からは絶賛されたが、実際に林業に従事している森林組合では、処理量の少なさを指摘された。しかし、製炭時間と収炭率の関係を示すと、一様に納得した。

　しかも、既存の炭窯と違い、煙をほとんど出さない。これにより、住宅街に近いところでも使用が可能である。実際に、住宅街のなかにあるA工業高校内で、10回程度の炭焼きを実施したが、苦情は寄せられなかった。また、1日単位の森林ボランティア活動でも実演したが、午前中に詰めた竹材が、帰るころには竹炭になっており、参加者は喜んでもち帰った。

(9) 製品化へのアプローチ

　この移動式高速炭化炉は、鍛造炉を製造している中小企業にもち込んだ。

コンセプトとプロトタイプを示し、実際に制作した竹炭の通電や、水質浄化実験データを示すことにより、有用性はすぐに理解され、製品化されることになった。その結果、他の高校や都市公園管理事務所、授産施設などへの納品実績があり、現在も受注生産となっている。ただし、受注の際は、可搬型であることは重要であると認識されたが、常時、トラックに載せて使用する用途はないため、商品名から「移動式」を外し、「高速炭化炉」とした。

製品の概要は以下のとおりである。

製品名：高速炭化炉
処理能力：a．800℃モデル、b．1000℃モデル
販売価格：a．210万円、b．350万円

5．事例3——減圧蒸留装置

2010年度、科目「課題研究」B班において、6ヵ月かけて取り組んだ実践事例である。グループの構成員は男子5名である。

まず、農業高校からの依頼により、簡単な蒸留器を製作した。ガラス製の従来品に比べ、蒸留効率がよかったため、それが企業の目にとまり、商業ベースの規模を有する蒸留装置の製作を依頼された。そのため、前述の事例1および事例2と流れが多少異なるが、構造的には同じである。

（1）テーマ探し

この事例は、農業高校から水蒸気蒸留装置を依頼されたことに端を発する。農業高校では、特産品づくりに向けてユーカリの葉から精油（エッセンシャルオイル）を抽出する実験に取り組んでいた。使用する蒸留器は、フランス製で材質はガラスである。従業員10人程度の小規模企業から借用して精油の抽出をおこなっていた。しかし、蒸留器は高価なガラス製であることから、取り扱いには注意が必要で、生徒だけで自由に扱うことができなかった。依頼内容は、ガラス製の容器にかわる小型の蒸留器の製作である。依頼先の農

4. 事例2：高速炭化炉の開発モデル

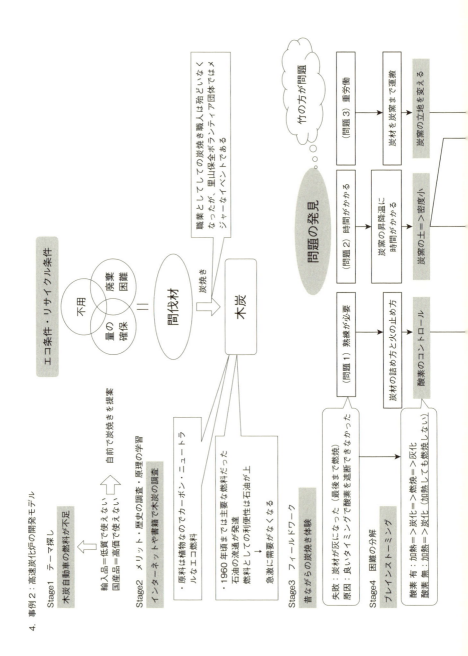

第3章　工業高校における創造性教育と製品開発事例（工業高校モデル）

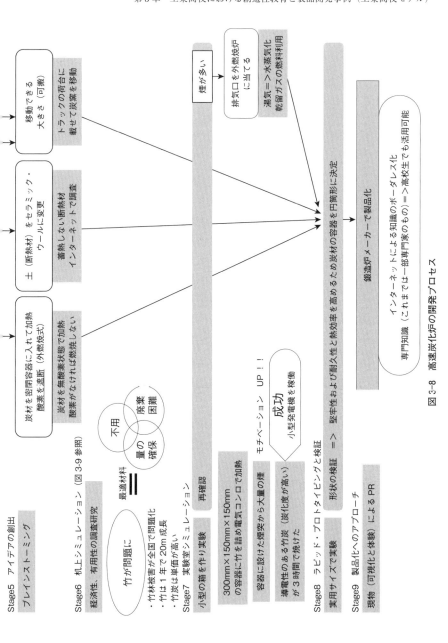

図3-8　高速炭化炉の開発プロセス

4. 事例２：高速炭化炉の開発モデル

Stage6　机上のシミュレーション

```
竹炭の経済的採算性は高い
 【木炭の市場単価】
      外国産マングローブ炭 1kg＝100 円
      国産黒炭 1kg＝300 円
      国産竹炭 1kg＝1000 円〜3000 円
 【高速炭化炉による製炭時間】
      標準で 6 時間
 【製炭量】
      300L の窯容積で、1 回当たり 40kg の竹炭
      1 回当たりで 40kg×1000 円〜3000 円＝4 万円〜12 万円
 【燃料費】
      灯油 10L＝500 円／1 回

つまり、材料費は不要なので、人件費と減価償却費を除けば、操業 1 回当たり
39500 円〜119500 円の粗利がでる。
```

```
竹炭が高価値な理由
竹炭の効能は多様なことが知られている。
 ・消臭
 ・調湿
 ・水質浄化
 ・化学物質吸着
 ・遠赤外線効果
```

図 3-9　高速炭化炉の開発プロセス　Stage 6

業高校には、ユーカリの大木があり、毎年、剪定により発生する大量の葉（廃棄物）を有効利用するというプロジェクトに取り組んでいた。廃棄物から、付加価値のあるものをつくり出すことは、環境保全という面からも有用な事業である。

依頼は、農業高校の教員からもたらされた。B班の担当教員により、班員に依頼が示された。課題研究B班では、毎年、環境機器の製作を中心課題としていたため、全員一致で、これを引き受けた。

（2）メリット・歴史の調査・原理の学習

ユーカリはもちろんのこと、精油や蒸留についても特別な知見はもっていない。早速、インターネットや書籍で、これらについて調べた。

ユーカリは、オーストラリア原産の常緑樹である。地下水を吸い上げる力が強く、成長が速いため、乾燥地帯で緑化に用いられるという。また、オーストラリア先住民（アボリジニ）は、古くから傷を癒すのに、葉を利用していたという。葉から取れる精油は、殺菌作用や抗炎症作用、鎮痛・鎮静作用があるとされ、今日でも、医薬品やアロマテラピーなどに用いられる。

水蒸気蒸留装置は、植物の精油を抽出する装置として、13世紀より利用されてきたとされる。花や葉などの柔らかい植物を、そのまま蒸留器に入れ、集中的に水蒸気を浴びせ、その熱で植物の精油を揮発させる。その精油を含んだ水蒸気は、冷却管を通って液体に戻る。この蒸留水の表面に浮いた疎水性の液体が、精油として得られる。蒸留水は「芳香蒸留水（フローラルウォーター）」と称される。精油の主成分は、テルペンと称される炭化水素の化合物であり、精油の種類は数えきれないほど存在するといわれている。芳香成分があるため、芳香剤として利用されるほか、虫などへの忌避効果、殺菌効果などが知られており、医薬品の原料としても利用される。経済価値は種類によって異なるが、日本では流通価格で10 ml 当たり、1000円から販売されている（株式会社生活の木、2015年10月調べ）。

精油の原料となる植物は、200種類以上知られているが、例えばヒノキは間伐材から抽出でき、森林のすがすがしい芳香と鎮静作用で人気がある。ま

た、柑橘系の果皮から抽出される精油も人気が高い。精油の原料となる部分は、ヒノキであれば、木材として使わない切れ端や、加工クズとして、製材所から大量に廃棄される。一般に、敷地内で野焼きして処分していたが、2001（平成13）年、「廃棄物の処理及び清掃に関する法律第十六条の二」により、野焼きが禁止されてからは廃棄物として処理費用もかさむようになった。また、柑橘類の果皮は、果汁の搾りカスとして大量に廃棄される。一般には畑や山で肥料として利用するというが、実情は投棄に近い。しかも、柑橘系の果皮は油分があり、そのままでは堆肥化しにくい。

　つまり、これら精油の原料は

　　①不用品
　　②廃棄困難
　　③量の確保

という、エコ素材の3条件を満たしていることがわかった。

（3）フィールドワークによる問題発見

　農業高校で作業内容の説明を受ける。農業高校では、基本的に実験用である。原料と水蒸気用の水を入れる蒸留釜容量は、10L程度でよい。蒸留器は組み立て式である。ちょうど理科の実験をしているようである。実験後は蒸留器を、ある程度、分解してきれいに洗浄する必要がある。ガラスの大きな容器である蒸留釜は、重さもあり取り回しに気を使う。また、冷却管は複雑で繊細なガラス細工であるため、机などにあてたり落としたりするとすぐに欠けてしまいそうである。それでも、ガラス製である理由は、耐薬品性、蒸留過程が視認できるなどのメリットがある。

　農業高校では、授業で使用することから、装置を扱う生徒は役割を固定した人間ではなく、多数になる。そのため、安全性をより高める必要があり、かつ、高い堅牢度が要求される。また、製作費用もできるだけ安くと注文された。そのうえで、現在使用されているガラス製のものより、高い効率を求

められた。実際の蒸留器の構造は、シンプルである。熱源と、原料と水を入れる容器（蒸留釜）、水蒸気を冷却し液体に戻す熱交換器（復水器）で構成される。B班では、開発に当たり、①精油収集率、②堅牢度、③装置が高価、という三つの課題があることがわかった。

（4）困難の分解と課題設定

精油収集効率

　精油収集の効率は、原料に対してどのくらい精油の収量が得られるかという部分と、どのくらいの時間で、収集できるかという時間軸を視点とした問題が考えられる。精油の収集量については、原料を、高温の蒸気にさらすことにより、植物内の精油（炭化水素の化合物）を蒸発させて、冷却により液化するものであるから、冷却器の熱伝導率に左右される。冷却器の熱伝導率が低ければ、蒸気は十分に冷却されず、精油も機体のまま、外気に放出されるため、収量が落ちる。時間に関しては、熱源の出力が同じであれば、より早く、蒸気をつくり出せるほうが効率がよい。つまり、蒸留釜と熱源の熱効率の問題と考えられる。

堅牢度の向上

　現在使用している蒸留器は、ガラス製である。ガラスは衝撃に弱い。しかし、耐腐食性は非常に高い。つまり、蒸留器には耐衝撃性と、耐腐食性が要求される。

装置が高価

　その蒸留器を所有する企業によると、蒸留器は、50万円程で入手可能という。装置が高価な理由は、ガラス加工という難しい加工技術を施していることや、海外製のため、輸入に関係する費用が含まれると思われる。

(5) アイデアの創出

精油収集率の効率化

　精油収集率の効率化は、熱源の効率と、冷却効率を上げることが課題である。熱源は、容器の大きさから考えて装置に組み込むのではなく、コンロ式を採用した。こうすれば、コンロが壊れてもそれだけ取り替えればよい。また、特別な加工を必要としない。コンロはガスコンロ、電熱コンロ、IHコンロ（インダクション・ヒーター）があるが、効率と安全性からIHコンロを選定した。安全性での優位性は、高温になるヒーター部がないため火災が出ず、深刻なやけどの心配が少ないことである。また、容器自体を発熱させるため、熱効率がよいことも有利な点である。冷却器には、水道用の「なまし銅管」を利用した。なまし銅管は、銅管に「焼きなまし」という処理をしており、粘性を高め曲げやすくなっている。これをステンレス鋼製の冷却水槽に沈めて冷却する。銅は熱伝導率がガラスの200倍以上である。また、銅管は水道に使われるため、ホームセンターなどで簡単に手に入る。冷却水は、水道水を掛け流す。

堅牢度の向上

　堅牢度を上げるため、ガラスは一切使用せず、容器類に厚さ1.5 mmのステンレス鋼板を利用した。ステンレス鋼（Stainless steel）は、鉄（Fe）を主成分（50%以上）とし、クロム（Cr）を10.5%以上含むさびにくい合金鋼である。硬度も高いため、一般的に鉄より加工性はよくないが、厨房機器や薬剤を扱う容器では、多用されている。冷却器に、なまし銅管を用いることも堅牢度向上に貢献する。

　IHコンロは市販品を利用したので、製品としての堅牢性は、メーカーにより保障されている。

低コスト化

　できるだけ、市販されている汎用品を流用することにより実現した。蒸留

容器には、市販のステンレス製密閉型容器を購入し、ふたの部分にパイプが接続できるように溶接加工した。IHコンロは、ホームセンターで販売されている6000円程度のものを購入した。冷却器は、厚さ1.5mmのステンレス板を、折り曲げ加工と溶接加工により、四角い容器をつくり、そのなかに螺旋状に巻いた、なまし銅管を沈めた。価格は、φ10mm×3mで、1000円程度である。

（6）実験室シミュレーション（実証実験）兼、プロトタイピング

装置の性能について

　以上の方法で、蒸留器を製作した。これを用いて実験したところ、水の沸騰に時間がかかった。サーモグラフィ（熱を色彩化して画像表示する計測器）により検査したところ、ステンレス製の蒸留釜下部から、かなり放熱されていることがわかったため、蒸留釜下部に耐熱パテで暑さ5mmの断熱コーティングを施した。また、IH（インダクション・ヒータ）の効率をあげるため、蒸留釜底部にSUS430という、磁性のあるステンレス板を溶接した。これにより沸騰するまでの時間は半減した。これらの改修により、全体的に効率があがり、同じ時間で既存のガラス製のものより、精油の収量が約2倍になった。実験では柚子の果皮を原料とした。3kgのゆずの皮から14mlの精油がとれた。既存のガラス製蒸留器では、7mlくらい取れればよいほうだという。この理由として、ガラスは熱伝達率が低く、冷却効率が低いためではないかと推察した。

　精油は、いい香りがしたが、原料のフレッシュな酸味の香りは、まろやかになっていた。これは、温度による変化だという。水蒸気は100℃になるので、香りの成分が変質するというのである。ある程度の品質の劣化は、仕方ないという。農業高校に貸していた企業も、実験に立ち会ったが、A工業高校で製作した蒸留器の効率のよさに驚いた。

製品化への依頼

　その後、この企業から新たな蒸留器について依頼があった。この企業は

「癒し」をテーマに、自然素材の化粧品や健康食品を販売している。また、リラクゼーションの教室なども開いている。地元の特産品である柚子の精油で二次産品を製造し、地域おこしを画策していた。依頼内容は、柚子の蒸留に使用する小型の業務用蒸留装置の製作であった。該当市町村の柚子生産量は、年間5t程度と柚子の生産で有名な高知県馬路村の100分の1にも満たない。それゆえ、柚子の加工についても大規模な設備投資がなされず、家内手工業的に搾汁しているという。柚子果汁は、調味料やジュース、ペーストなどの二次産品として販売されている。しかし、前述のとおり、搾りカスは畑に廃棄されている。そこで、廃棄している搾りカスから精油を効率よく収集できないか模索しており、ガラス製の蒸留器もそのために購入したそうだが、処理能力からみても、商業ベースで使えるものではないという。工業規模のプラントを導入するには生産量が少なすぎ、費用対効果も見込めないという。

また、作業場所は間口2間、奥行き4間、8坪程度の店舗である。大きさの制限もある。予算は500万円が上限であるという。結果、価格的にも規模的にも、それに適合するようなプラントはみつからず、プロジェクトは停滞しているという。

(7) 机上シミュレーション（経済性、有用性のアセスメント）

製品化への依頼もあり、蒸留装置の採算性や稼働率について検証した。課題研究B班のメンバーで情報取集したところ、日本全国で柚子は生産されており、国内生産量は『平成21年産特産果樹生産動態等調査』（農林水産省）によると、柚子は全国で2万5438tの生産量（出荷量）があり、主な生産地は、高知県（1万3644t）、徳島県（2996t）、愛媛県（2855t）であることがわかった。柚子の利用は搾汁による果汁利用が多く、果皮は堆肥という名目で畑にまかれるか、廃棄物として焼却処理されている。他の産地でも、廃棄される量が多く、原料の収集には困らない。つまり、原料は無料で手に入り、収穫の期間中は、まとまった量が排出されることから収集にも無駄がない。さらに、搾りカスは冷凍保存ができ、冷凍庫があれば季節を選ばず生産が可能である。精油の主成分は、テルペンと称される炭化水素の化合物であり、精油の種類

は数えきれないほど存在するといわれている。芳香成分があるため、芳香剤として利用されるほか、虫などへの忌避効果、殺菌効果などが知られており、医薬品の原料としても利用される。経済価値は種類によって異なるが、日本では流通価格で10 ml 当たり、1000円から2000円で販売されている（株式会社良品計画、無印良品ブランド2015年10月調べ）。また、蒸留工程において産出される蒸留水には、親水性の成分が含まれており、商品価値が高いという。これもインターネットで調べたところ100 g 当たり1000円程度の価格が付けられている。

（8）困難の分解と課題設定

【課題1】熱に弱い

　柑橘類から抽出される精油は、リモネンを主成分としており、温度による影響を受けやすい。大気圧下での水蒸気蒸留は、100℃を要することから芳香が変化する。このため、柑橘系の精油は、主に圧搾法で抽出される。しかし、圧搾法で抽出した精油には、コンタミ（混合した不純物）や雑菌が含まれやすく、腐敗しやすいことが知られており、流通価格も安い。よって、水蒸気蒸留法を選択し、蒸留温度を下げるほうが得策である。

　また、搾汁後の果皮は、そのまま蒸留するより、果皮内側の白い綿状の部分を取り除き、みじん切りにするほうが、歩留まりも、香りもよいという。しかし、下処理には相当時間がかかるため、この事業所では、1日当たり20 kg の原料を処理するのが精いっぱいであるという。

【課題2】場所の制約

　作業場所は、店舗の一部である。間口3.6 m×奥行7.2 m、8坪程度の店舗である。半分を商品陳列スペースとして、半分を作業場とするという。つまり、使える場所は、3.6 m×3.6 m のスペースである。

　また、店舗内であることから、客の目にも触れるため、デザイン性も重要である。圧迫感を与えず、使いやすいこと、狭い室内ゆえ、メンテナンス性も求められる。

この時点で抽出された条件は、①温度を下げて蒸留すること、②1日20kgの果皮を1回で処理すること、③店舗に設置することから、大きさの条件と、見た目の美しさを有することである。

（9）アイデアの創出

蒸留温度を下げる（減圧により沸点を下げる）

　蒸留温度を下げるには、沸点を下げるしかなく、減圧するという方法が一般的である。実際に、工業用プラントでは減圧乾燥や減圧蒸留されている。酒造メーカーの蒸留方法では、一般的である。しかし、問題はプラントの規模である。依頼主によると、工業用プラントで店舗に設置できるような小型のものはないということである。また、費用も数千万円かかるという。そこで、原理はシンプルなので単純に小型化することにした。難しいとされるのは、蒸留温度のコントロールで、これは減圧のコントロールである。小型のコンプレッサーでシンプルに調節する方法として、コンプレッサーを定格で連続運転し、吸引口手前に、外気吸入バルブを設けた。このバルブを調整し、タンク内の圧力を調整することにより沸点をコントロールする案が採用された。

装置の大きさと形状（店舗を演出するデザイン）

　現場に出向き、寸法を実測するとともに、イメージを得た。店舗の大きさは、間口2間（3.6m程度）で奥行4間（7.2m程度）である。そこから考えて、装置の占有床面積を畳、一畳分（1.8m×0.9m）とした。高さの上限は、入り口ドアを通過するサイズで1.9mとした。デザインは、オールステンレスで外装を施さず、パイプですべての部材を支持した。これには、A工業高校にある、BDF製造装置をみた生徒たちが、この形を美しいと評価していたからである。ステンレス鋼は、錆びないためつねに金属光沢があり、清潔感を演出する。パイプと減圧タンクによる構造は、曲線が強調されシンプルで近未来的な印象を醸し出す。

　蒸留タンクに断熱材を施すことにより、タンク表面から放出される熱を防げるため、効率はよくなるが、余計な外装が必要になりコストが上がること

図3-10　卓上蒸留器（A工業高校製作）
出所：筆者撮影

図3-11　減圧蒸留装置
出所：筆者撮影

に加え、デザイン性も低下する。そこで、稼働時には毛布生地のカバーを掛ける着脱式にした。さらに、汎用型のタッチパネル式プログラマブルコントローラを設置し、ボタンレスのすっきりしたデザインに加え、温度調整機能やデータロガー、タイマー機能を付加し、自動運転を可能にした。

事業所の処理量（1ロット、20 kgを処理する大きさ）

1日に20 kgの果皮を処理するために、タンク直径を600 mmにした。原料層の厚みは100 mm程度になる。柚子の果皮以外の原料に対しても、汎用性を高めるため、原料台からタンク上部までの高さを400 mmに設定した。これにより、ユーカリの葉やヒノキの鉋クズなど、比較的、容積の大きな原料も蒸留できるように設計した。

(10) 製品化へのアプローチ

減圧蒸留器は、顧客からの依頼により設計したものであるが、高等学校で製作するには時間もなく、仕上がりもプロ並みとはいかない。また、PL法による損害賠償責任も負えないため、製品化する企業を探すことにした。1台の販売先は決まっているので、ハードルは低い。今回は、実機に近いサイズのプロトタイプは製作していないが、卓上の実験機で抽出した精油、および芳香蒸留水を原料として、芳香消臭除菌剤やスキンオイルなどの二次製品

5. 事例3：減圧蒸留装置の開発モデル

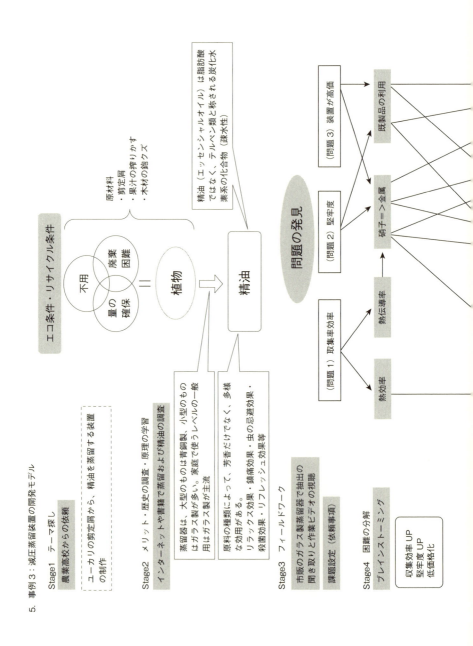

第3章 工業高校における創造性教育と製品開発事例（工業高校モデル）

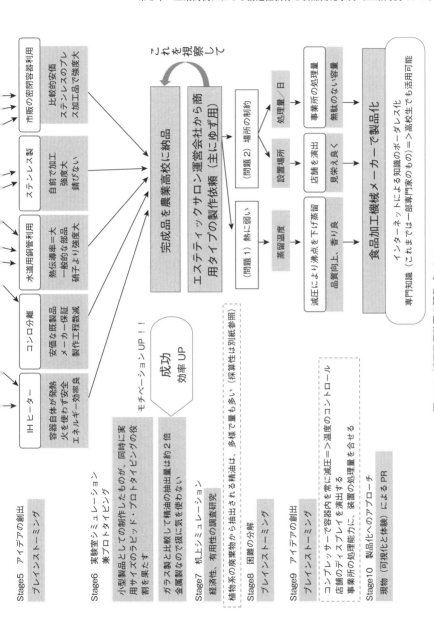

図 3-12 減圧蒸留装置の開発プロセス

をつくりプレゼンした。以前、BDF 製造装置を製品化した企業がこれに応じ、製品化することができた。

　　製品名：減圧蒸留装置
　　処理能力：1 バッチ、15 L モデル
　　販売価格：450 万円

6．まとめ

　本章では、産業教育の歴史と課題をまず整理し、創造性教育の重要性を確認した。
　そして、具体例として、筆者が産業教育（課題研究とクラブ）のなかで、生徒とともに発明に成功した典型的な 3 事例「BDF（Bio Diesel Fuel）製造装置」「高速炭化炉」「減圧蒸留装置」についてその発明が出てくる現場の状況を詳細に分析した。

第4章
中等教育で成功した製品開発スキーム（工業高校モデル）

１．中等教育で成功した製品開発スキーム

　前章に挙げたＡ工業高校における三つの事例は、いずれも製品化に成功した事例である。工業高校といえども、高等学校で、このような高額の機器開発は、貴重な例といえよう。本章では、これら三つの典型的事例から、その共通の要素を抽出し、工業高校における製品開発スキームとして、一般化する。スキームには、製品開発プロセス、技術、組織、環境、また、それらに付随するノウハウがある。

（１）工業高校で成功した製品開発プロセス

　まず、製品開発プロセスについて検証した。３事例のプロセスには、それぞれ同一のステージがある。これらを比較すると、事例によって順番が前後するところはあるが、共通のパターンが見出され、プロセスにも一定のつながりがみられた。このプロセスを抽出して一般化を試みた。
　ステージは全部で九つである。プロセスに沿って、順番にステージを提示する。

テーマ探し

　３事例における共通のテーマは、「環境機器開発」である。それゆえ、テーマ探しの条件としてエコ条件・リサイクル条件を主眼に置いた製品開発例と

表4-1 3事例のステージのコンテンツ

BDF製造装置	高速炭化炉	減圧蒸留装置
1）テーマ探し	1）テーマ探し	1）テーマ探し
2）メリット・歴史の学習・原理の学習	2）メリット・歴史の学習・原理の学習	2）メリット・歴史の学習・原理の学習
3）机上シミュレーション	3）フィールドワーク	3）フィールドワーク
4）実験室シミュレーション	4）困難の分解	4）困難の分解
5）フィールドワーク	5）アイデアの創出	5）アイデアの創出
6）困難の分解（ブレスト）	6）机上シミュレーション	6）実験室シミュレーション兼プロトタイピング
7）アイデアの創出（ブレスト）	7）実験室シミュレーション	7）机上シミュレーション
8）ラピッド・プロトタイピング	8）ラピッド・プロトタイピング	8）困難の分解
9）製品化へのアプローチ	9）製品化へのアプローチ	9）アイデアの創出
		10）製品化へのアプローチ

なる。このとき、扱う素材には、3要素（素材の3要素）を提示している。この素材の3要素については、本章3で詳しく説明する。目的が、環境機器でなければ、それに見合う条件を決める。

メリット・歴史の調査・原理の学習
【メリット】
　メリットとは、これから開発しようとしているモノの、個人にとっての有用性、組織にとっての有用性、社会にとっての有用性である。

【歴史の学習】
　例えば、炭焼きであれば、人類史上、どの時点からおこなわれてきたか、これまでどのようにおこなわれていたか（道具、場所、時間、方法）、生産物はどのように活用されてきたかなどを調査する。

【原理の学習】
　最新のシステムでも、原理は単純であることが多い。一見して難しいと思

第4章　中等教育で成功した製品開発スキーム（工業高校モデル）

われるようなことでも、原理を学べば、開発の糸口がみつかることが多い。

フィールドワーク
【現場に身をおくことで、五感を活かして洞察する】
　報告書や写真では伝わらない情報が存在する。また、現場に行かない二次情報では、自身の思い込みにより情報を誤認することもある。現場に身をおき、自分の価値観を捨て、可能であれば現場の人と同じように行動することで、多様な発見のチャンスが広がる。

【暗黙知の形式知化】
　現場の作業者が、無意識におこなっている動きや言動をピックアップして分析することにより、作業のノウハウや問題点を発見することができる。習慣により修得した、よい結果を得る無意識の行為のことを「暗黙知」と呼び、よい結果を期待した意識的な行為を「形式知」という。暗黙知を形式知化し、それを機械装置で具現化することが、機器開発の価値を高める。

困難の分解による課題設定
【困難の分解のブレインストーミング（割り算型イノベーション）】
　問題を解決する前には困難なことが立ちはだかることが多い。解決策のアイデアを創出する前に、徹底的に困難を分解する。大きな困難も分解することにより、小さな困難の集まりへと変わってくる。また、困難の構造も理解しやすくなる。つまり、困難を分解することにより、困難のハードルを下げることができる。この一つの方法として、ブレインストーミングをおこなう。ブレインストーミングというと、解決策やアイデアを創出する方法として知られているが、ここでは、なぜ、そうなるのかを自由に思いつくままに、アイデアを展開し発表していくこととする。例えば、「BDF製造作業は危険」という困難はどうしておこるのか、というテーマに対して、「油を扱うので床が滑りやすい」「20 kg近い廃油を、機械の上まで持ち上げるのは危険」「薬剤は強アルカリで皮膚に着くと危険」といった具合である。

アイデアの創出

【アイデア創出のブレインストーミング】

「困難の分解」によって、もともと大きな困難は、解決しやすいより小さな困難に分解される。そのような小さな困難は、一つずつ解決することがやさしくなる。設定された課題に対し、一つ一つ、解決のためのアイデアを出していく。

例えば、上の例でいえば、廃油やアルカリ剤をもち上げるのが危険であるなら、もち上げずに容器の中に入れたらいい。そこでポンプを使うアイデアが出されたが、機械式の送油ポンプでは、ポンプ自体や、ポンプ後部の管路に液体が残留する。そこで液体がポンプを通らない→ポンプ自体がタンクよりうしろにあればいい→掃除機のように吸引できないか→バキュームポンプによる負圧の利用というアイデアが創出された。

アイデア創出のブレインストーミングは、必ずしも机上でする必要はない。工場で現物をみながら、あるいは食堂など、いろいろな場所で必要に応じて何度でも実施する。

机上シミュレーション

【原理の確認】

開発対象の動作原理や化学反応を確認する。使用予定の部材の性能や規格を確認する。作業工程や所要時間の確認をする。

【経済採算性の確認】

初期設備費用（イニシャルコスト）および、運営費用（ランニングコスト）を算出する。産品の製造量と市場価格の調査から、目安となる利益を算出する。つまり、実現可能性の推定をする。

実験室シミュレーション

【原理の実験】

簡易かつ小規模な器具や装置で、理論通りの生産品ができるか、試してみ

る。

ラピッド・プロトタイピング（rapid prototyping）と検証
【仮設の実験装置の製作と、実験・検証】
　耐久性や仕上がりを問わない急仕立ての実験装置（完成度30～50％）をつくり、仮説通りのプロセスで運転する。これにより、問題や改善の余地を明確化する。

【プレゼンテーションのためのアイテム】
　百聞は一見にしかず、という故事成語が示すように、第三者に対して、現物をみせることにより、相手のイメージを掻き立て、プレゼンテーションの訴求力が飛躍的に高まる。

製品化へのアプローチ
①現物（プロトタイプ）をみせる（視覚的に訴えると理解が早い）。
②装置や産物を体験させる（五感に訴えると理解が早い）。
③机上のシミュレーションで検証した、現状とニーズの分析を示す。さらに、どのような環境でどのように使用するかを提案する。

（2）実務面のポイント

（K1）目的の明確化と共有
　一番はじめにおこなう「問題定義」の段階で、問題をリサーチし、目的を明確にする。例えば、BDF製造装置であれば、廃棄される廃食用油を軽油代替燃料に変換することにより、化石燃料の消費を抑え、地球温暖化を防止するというものである。高速炭化炉では、里山保全において、近年、最大の問題となっている竹林被害を食い止めるため、竹の間伐材から質のよい竹炭を早く簡単に製造する装置の開発である。減圧蒸留器は、廃棄される柚子の皮からエッセンシャルオイルを効率よく取り出し、地域産業に貢献することである。工業高校における製品開発であるため、経済的な利益を求めるもので

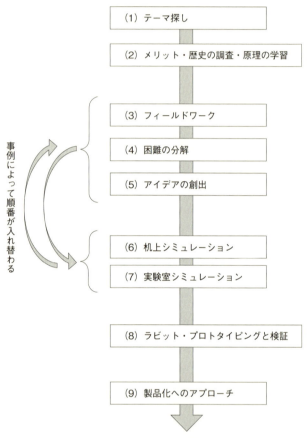

図4-1　3事例から抽出した共通のプロセス

はない。しかし、これらの機器を開発することは、環境保全の効率化という意味においても社会貢献であり、この装置により、負担を軽減できる人たちがいることは間違いない。グループのメンバーの一人一人に、この目的を意識させる。

(K2) 納期の設定

　企業活動の場合、基本的に納期があり、これはもっとも重視される項目であろう。納期は学校の教育活動にはなじまない概念であるが、納期を決めなければ時間的な計画を立てることができない。納期はゴールである。ゴールを起点として逆算することにより、計画を立てるのである。減圧蒸留機に関しては、もともと企業に依頼されたものであることから、納期は自動的に設定された。BDF製造装置と高速炭化炉は、自分たちで設定した。単に日程を決めるだけではなく、適切なコンテストへ出品することや、発表会や見学会などの行事を入れて、強制的に納期を決めるのである。

(K3) 自己決定

　プロジェクトの最初に、もう一つ大事なことがある。それは目的を明らかにし、ある程度課題が明確になった段階で、チームとして開発を実行するか中止するか自己決定することである。「なんとしても最後までつくり上げる」という「執念」を醸造することが、モノづくり教育の重要な課題だと考える。ほとんどの場合、「実行」が選択になるため、儀式的な行為ではあるが、グループで意思確認することは、メンバーのモチベーションを高めるとともに、熱意が冷めそうになったとき奮起する材料となる。

　以上のように、プロジェクトの初期の段階では、①明確な目的（何のために、何をするのか）、②納期の設定（いつまでにするのか）、③自己決定（実施の覚悟）を確認することが重要である。続いてプロジェクトの中期、つまり具体的な作業実施の段階を説明する。

(K4) 収集された情報と実験の共有

　目標は、環境保全に資する製品開発である。何をどのようにするのか、解決すべき課題を具体化する必要がある。つまり、「課題設定」のためのリサーチである。第1事例のBDF製造装置を例に挙げ、説明する。大まかな課題は、廃食用油をいかに効率よく、品質のよいBDFに変換するかである。

まず、インターネットや文献で情報を集め、BDFに関する一通りの知識と現状について知識を得、グループで共有する。具体的には、BDFについて各人がリサーチして得た情報を出しあう。アイデアの創出ではなく、形式知の提示であるが、テーブルを囲みホワイトボードに記録していく、いわゆるブレインストーミングのような形式で進める。「BDFとは何か」から始まり、製造法、歴史、規格、現状などありとあらゆる知識をリサーチして、それを積み重ねるように出しあうのである。発言に順番はない。そうして、グループ全体で知識を共有する。知りたいことが浮かんだメンバーは、どんどん質問を投げかけ、誰も答えられなければ、次回までの課題となる。BDFは100年以上も前からつくられており、特別な装置がなくても製造できることから、薬品と廃食用油を揃え、PETボトルで実験した。最初は、粘度が高く濁っていた廃食用油が、透明度を増し、サラサラとしたとメチルエステルに変換できた。実際に、それをみたメンバーの気持ちは高揚した。収集された情報と実験の共有は、帰属意識と一体感を醸造する。

（K5）フィールドワークによる問題の把握

　基礎的な知識が得られれば、次に現場で情報を収集する。インターネットで得た情報から、20km離れたところで実際にBDFを製造している作業所があることがわかり、そこでフィールドワークを実施した。いわゆる、エスノグラフィーのような手法で、実際の作業を観察し、またBDFを担当している作業員の方から直接、実情を聞き、いくつかの課題が明らかになった。課題としては、①安全な作業の実現、②BDFの品質を高めること、③装置の価格を安く抑えることである。

（K6）拡散ではなく「困難の分解」

　これらの課題に対し、解決法をブレインストーミングで探る。「安全とは何か」というテーマでブレインストーミングをすれば、一つの結果として「危険をとりのぞき危険でないようにする」という答えにたどりつく。続いて「BDF製造における危険とは何か」というテーマでブレインストーミン

第4章　中等教育で成功した製品開発スキーム（工業高校モデル）

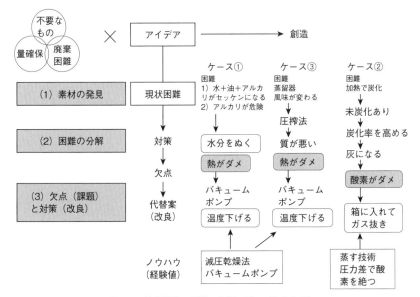

図4-2　機器開発の困難の分解モデル（筆者作成）

グをおこなう。これにより「20 Lの携行缶で集められる廃食用油を1 m以上の高さの投入口にもち上げての作業を回避する方法」「メチルオキサイドなど、強アルカリの危険物を安全に扱う方法」が次のテーマとなる。

　一般的なブレインストーミングの手引書では、課題に対してブレイクスルーする方法を検討する方向でテーマが示され、拡散的にさまざまなアイデアが積み重ねられる。当然、原因のアナロジーはそこに織り込みずみであるが、課題研究B班では、「課題の分解」を徹底的におこなうところから始める。高校生は、知識も経験も企業人と比べれば極端に少ない。企業人にとっては、いわずもがなの知識でも、高校生には考えが及ばないことは多々ある。それゆえ、全員でブレインストーミングをおこない、徹底的に困難の原因を分解するのである。

　たどりつくところは同じでも、このように進めることにより、メンバー全員の理解度の均衡と底上げが図られる。また、理解度が深まれば、より早い問題解決につながる可能性がある。

実利的な効用としては、理解が深まるだけではなく、実際に困難を分解することで、一つ一つのハードルが低くなり、ブレイクスルーの可能性が高くなる。BDF 製造装置の場合、品質を上げる方法はというテーマの前に、逆に何が品質を悪くしているのか、というテーマでブレインストーミングをおこなう。そこで、廃食用油に水分が入り込み、「水＋油＋アルカリ」の化学反応で、石鹸ができていることがわかる。さらに、既存の装置では、ヒーターで油に熱を加え、水分を蒸発させているが、それでは、油が酸化して、かえって品質を悪化させかねないことをふまえ、できるだけ熱を加えずに水を抜く方法をテーマにする。この結果、気圧を下げることにより、水の沸点を下げる方法が発案され、さらに、負圧を使えば、もう一つの困難である「油や薬品の移送」までも解決できることがわかった。これにより、複数のタンクによるバッチ処理で、装置自体の大きさを抑えつつ、一定の、製造能力を維持できるというアイデアが得られた。この積み上げではなく、分解のブレインストーミング（割り算型イノベーション）は、他の機器の開発にも有効であった。

（K7）いつでもどこでもブレインストーミング

　「困難の分解」により、一つ一つの課題のハードルを下げたら、次は、それを解決するアイデアの創出である。必ずしも、大きな机や紙、筆記具がそろった場所でなくてもよい。むしろ、作業場で現物をみながら、床にチョークで記録していくというやり方もよい。場合によっては臨場感が高まり、アイデアが出やすいこともある。それは、食堂で食事をしているときでもよいし、廊下の隅でも青空の下でもいい。つねに考え、表現し、耳を傾けることを習慣づければ効率よくアイデアを創出することができるようになる。

（K8）あるもの、できることを駆使して、ラピッド・プロトタイプを製作する

　一通りアイデアが出そろえば、具現可能なことを選び出し、試作や実験にとりかかる。しかし、簡単なラピッド・プロトタイプでは圧力容器をつくれ

ないため、負圧の実験はできない。あるもの、ある設備と技術の限界は当然である。逆に、追求できるところは追及する。プロトタイプ製作は、できる限り作業の再現性を重視した大きさで製作した。具体的には、20Lの携行缶で作業を進められるように、最低20Lの処理容量を備えた。また、エアレーションによる液体の攪拌というアイデアも出されたが、実際に試したところ、温度を上げなかからエアレーションすることにより酸化度が進んだため却下された。このように、ラピッド・プロトタイプを作成して実際に実験することにより多くの知見を得られる。また、ラピッド・プロトタイピングは、時間や費用の消費が少ないため、新たな問題を発見し、解決するというプロセスを、比較的簡単に繰り返し実施できる。

(K9) 開発過程と装置によって製品をイメージさせる

最終的に、すべての課題をブレイクスルーできたら、技術傾向の近い企業に、製品化の提案をおこなう。その際、開発の目的、開発過程、今後の展開予測を提示する。さらに重要なことは、プロトタイプや実験を、直接、みせる。そして「百見は一考にしかず、百考は一行にしかず」といわれるように、体験して理解を深めさせる。BDFであれば、処理前の廃食用油を提示し、処理後のBDFをみせ、それでエンジンを稼働してみせるのである。

(3) 組織面のポイント

工業高校の最大の目的は、生徒のスキルを高めることである。技術の要素と人材育成の要素は表裏一体であるから、企業の目的と、特別な差異があるわけではない。製品開発を進めるうえで、人材育成を前面に出して考える場合、技術的な要素のほかに、二つのポイントを意識的に加えている。一つは「役割の固定」、もう一つは「相互評価」である。

(K10) 役割の固定化

プロトタイプの製作や実験においては、多様な役割がある。具体的には、製図、材料の切断、溶接、旋盤、配線などである。学校教育においては、こ

れらの技能は、生徒全員が同じように履修できるように、カリキュラムを組んでいる。多くの課題研究班でも、全員が同じ作業をするというのが常であり、そのほうが、指導者としても効率がよい。しかし、製品開発をテーマにしている課題研究B班では、個々の班員作業を固定することによって、専門家をつくるのである。実際に、作業は多岐にわたり、全員が同じ作業をしていたのでは効率が悪いということもあるのだが、専門家をつくることによって、作業の協調や依頼が生起する。つまり「得意」をつくることによって、「この作業はA君に頼もう」ということが起こり、「この箇所はB君の仕事の成果だ」という分別もできる。これにより、チームのなかでの「責任感」と「自己効力感」が醸造されることになる。さらに、作業を複線的におこなうことによって、他の作業の進展具合にも目が向くようになり、相互に助けあい、奮起するようになる。

(K11) メンバーによる相互評価

　当然、授業である「課題研究」は、学期ごとの定量的な評価が必要になる。これは自己も含めた相互評価で実施する。これにより、さらに他人の作業を意識するようになる。競争的要素をもち込むことにもなるが、チームが一つの目標に向かって進んでいるとき、むしろ、お互いを認めあう方向で評価がなされる。評価は、「知識・技能」「意欲・態度」「参加率」という、3項目でおこなわれる。過去の経験から、メンバー間の評価は整合性が高いと感じている。

(K12) 高校生という意識を払拭する

　評価について、「知識・技能」「意欲・態度」という点では、差がつくことがイメージできるであろう。しかし、「参加率」は授業でおこなわれることから、差異はないと思われるかもしれないが、実はそうではない。「課題研究」は年間3単位、つまり1週間当たりの授業数が、50分の3コマということになる。無論、この時間では、製品開発などできるわけがない。実は、時間割上は50分×3コマであるが、実際には、毎日放課後、平均して3時間

第4章　中等教育で成功した製品開発スキーム（工業高校モデル）

表 4-2　A 工業高校における製品開発の 13 のポイント（筆者作成）

K1	目的の明確化と共有（何のために、何をするのか）
K2	納期の設定（いつまでにするのか）
K3	自己決定（自発的な意思決定）
K4	収集された情報と実験の共有（インターネット等で基本知識の収集）
K5	フィールドワークによる問題の把握（観察から洞察へ）
K6	拡散ではなく「困難の分解」（問題をブレインストーミングで分解して単純化⇒解決）
K7	いつでもどこでもブレインストーミング（場所を選ばず、リアルタイムで）
K8	あるもの、できることを駆使して、ラピッド・プロトタイプを製作する（現物をつくりながら考える）
K9	開発過程と装置によって製品をイメージさせる（ストーリーの価値・体験の価値を表現する）
K10	役割の固定化（得意をつくる）
K11	メンバーによる相互評価（他のメンバー（作業）を意識させる）
K12	高校生という意識を払拭する（既成概念の払拭、集中を妨げない）
K13	チームの結束を強める演出（居心地の良い環境が、前向きな姿勢やよい仕事が生まれる）

程度、土曜日は 6 時間程度の作業をおこなう。納期のひと月前あたりになると、放課後の作業時間が徐々に延長し、納期 1 週間前になると、放課後 6 時間、22 時を越えることは恒例になっている。無論、教員は放課後の「残業」を強制しない。それゆえ「参加率」に差が出てくるのであるが、よほどの用事がなければ先に帰ることがないのも事実である。それぞれメンバーが自分の仕事を自覚し、納期を自覚すれば、おのずと時間は延長される。それとは逆に、集中が高まれば、作業中の時間の感覚は、かなり短縮されるのである。「学校に行っているのか、仕事に行っているのかわからない」。これまで何人もの生徒が、保護者にいわれたそうである。

(K13) チームの結束を強める演出

　また、納期が迫り、終了時間が 20 時を越えてくるようになると、空腹という問題が生じてくる。実習室には、大きな鍋とガスコンロが常備されており、にわかに「料理長」という役割分担のメンバーができ、安価な食材で即

席の雑煮鍋をつくり、全員で囲むのである。こういったつながりが、チームの結束を強める。

　以上、工業高校における製品開発の実践例をもとに、実施面の9ポイントと、組織面の4ポイントの、あわせて13ポイントを抽出した。

2．環境機器開発の成功条件

　本書で取り上げた製品開発の3事例は、環境機器の開発である。この理由は、近年、環境保全がグローバルな社会的ニーズになっており、社会貢献という面からみても、教育活動にマッチするからである。ここでは、環境機器開発という目的に焦点を絞り、その開発条件について検証した。

　環境機器とは、一般的に大気汚染・水質汚濁・土壌汚染・悪臭・騒音・振動などの環境に関する害の防止や抑制または浄化などをする装置や、自然エネルギーや工場の排熱など、再生可能エネルギーを有効利用する装置、環境測定装置なども含めて、広い意味で環境を保全するための装置を総称する意味で使われている。前項で紹介した製品は、①バイオ・ディーゼル製造装置、②高速炭化炉、③減圧蒸留装置であるが、これらは、それぞれ廃棄物から付加価値の高い消費財をつくり出すための装置であるため、環境機器に分類される。

　これらの装置が製品化できた理由として、とくに新しい科学的発見があったわけではなく、高度な技術的開発があったわけでもない。しかし、実際には、これまでにない特徴を有し、企業から評価され、製品化されるに至った。さらに、マスコミでも取り上げられるなど、世間的な評価も得ることができた。これらの製品が評価された理由には、二つの要因がある。一つは取り扱う廃棄物、つまり「素材の条件」である。もう一つは機器本体および処理量における「処理容量の条件」である。

（1）素材の3条件

　環境機器で処理対象とする素材は一般的に廃棄物であるが、どの素材を選

第 4 章　中等教育で成功した製品開発スキーム（工業高校モデル）

図 4-3　環境機器で処理する素材の 3 条件（筆者作成）

択するかについては、三つの条件がある。

　一つ目は、「不要なもの」であること。前述の例においても、バイオ・ディーゼル製造装置の扱う素材は「廃食用油」であり、使用に耐えないレベルに劣化することにより、不要となった食用油である。高速炭化炉の扱う素材は、主に間伐された「竹材」である。竹材は加工することによって竹細工などの生活用品に利用されるが、現在、その素材はプラスチックにとってかわられ、民芸品としての需要はあっても必要量はきわめて少ない。そのため竹の間伐材は廃棄物となる。減圧蒸留器の扱う素材は、主に搾汁後の柑橘類の「搾りカス」である。また、「材木の鉋屑」なども素材として用いる。一般的には、廃棄物などの不要なものを有効利用することにより、ゴミを減量するための装置が環境機器の条件であり、これらは該当する。

　二つ目は、「廃棄困難なもの」である。環境機器の要件からいえば、処分に困る度合いが高いものを扱うほど、環境機器自体の価値が高くなる。前例に当てはめると、廃食用油は環境保護の観点から地中廃棄や下水道に流すことはできず、そのまま燃焼させると黒煙や悪臭を発生させるため、発生現場で処理することは難しい。各家庭レベルでも廃食用油は出るが、排水溝に流すことは詰まりや悪臭の原因になるだけでなく、水質汚濁につながるためできない。液体のままではゴミとして自治体の回収に出せないため、凝固剤による処理や紙片による吸着など、手間や費用が発生する。おなじく、柑橘系の搾りカスは、水分や油分を含み、堆肥の原料としてはそのままでは分解され

にくい。焼却処分するにも水分が多く、助燃材として石油が必要になる。竹は、間伐せずに放置すると、何年もそのままになり、生態系を破壊する。また、場採すると、重量も容積もあり、運搬することも、燃焼することも大変である。つまり、どれも廃棄困難なものである。

　三つ目は、「量の確保」である。コンスタントに一定量が確保できなければ、装置の稼働率は低く、生産物の供給も不安定になるため流通価値が著しく減じる。BDFの素材である廃食用油は、プラント化された食品工場から個人企業の豆腐店など、小規模事業者から一般家庭に至るまで、さまざまな発生源がある。個人商店や一般家庭から排出される廃食用油は、量も少なく均質ではない。このため回収コストや質の問題から、流通しないのが一般的であるため、廃棄が困難となるのであるが、その発生源は大量にあることから、回収システムさえ構築できれば、量の確保は問題ない。実際に町内会や市民ボランティアによる回収等では、相当な量が集まる。人口20万人の某市では、市民の手により年間20 tを回収している。続いて、竹は1年で20〜25 m成長する。伐採しても次から次へ発生するため、放置されている竹林が全国で問題になっている。間伐されたとしても、間伐材は林間放置が一般的であり、生態系にも悪影響を与えている。柑橘系の搾りカスも、毎年、コンスタントに発生する。とくに柚子は、ポン酢やジュースの原料として利用されるが、農林水産省によれば、国内生産量は近年1万4800 tから1万8000 t程度生産されており、平成13年には約1万8350 tが生産されている。搾汁方式にもよるが、42〜65％の割合で搾汁されるため、搾りカスは重量比50％程度と考えれば、やはり相当な量の搾りカスが排出され、現状は山地や畑に放棄されることになる。

　まとめると、以下のとおりである。

　　①不用なものから有価物→環境機器として評価
　　②廃棄困難なもの→環境機器としての価値を高める
　　③量の確保→機器の稼働率を高める→生産物の供給安定→市場価値が上がる

第4章　中等教育で成功した製品開発スキーム（工業高校モデル）

（２）処理容量の選択

　環境機器に限ったことではないが、開発する装置の処理容量にも条件がある。素材の種類以外の条件として三つの要件がある。つまり、①誰が（人員）、②どこで（場所）、③どのように（実施形態）使用するのかという想定である。例えば、ニーズ以上の処理力を求めると制作物が売れ残るということは当然であるが、イニシャルコストとランニングコストも上がるため、デメリットとなる。逆に処理能力が低いと、素材の在庫が増加するほか、設備自体の効率の低下につながる。したがって処理規模の選択は重要な条件となる。

　例えば高速炭化炉については、先述したようにユーザーに受け入れられた理由は、大きく3点ある。第一に処理速度が高速である。第二に熟練の技能を必要とせず、誰でも高品質な製炭ができる。第三は、既存の炭窯より小型でありながら、既存の炭窯と同等の生産力を確保できることである。一般的な土でできた昔ながらの炭窯（炭化炉）は、平均4000Lの容積である（岸本、1984）とされるが、高速炭化炉の標準モデルは300Lである。しかし、既存の炭窯で製炭した場合、火入れから取出しまで平均3日間の作業期間が必要である。高速炭化炉はわずか6時間で製炭が完了する。労働サイクルを考えると1日2回運転が可能であり、3日間では6回運転できる。つまり時間的な効率は6倍である。しかも竹炭に関しては収炭率100％（形状比）であるから、一般的な竹炭の収炭率30％に比べて3倍以上の効率である。これを総合すると $6 \times 3 = 18$ 倍の効率となる。300Lで18倍の効率であるから、既存の炭窯と比較すれば、5400Lの生産力となり、既存の炭窯の同等以上の竹炭が製造できる計算になる。

　一方、戦後、調理や暖房燃料は石油やガス、電気にとってかわられ需要自体が激減した。それにともない製炭の個人事業者はほとんど姿を消した。しかし、木炭の需要が減ったとはいえ、飲食業やレジャーなどで使用される木炭の需要はある。また、有害物質の吸着や吸湿効果から、建築資材としての人気も高い。現在、木炭の供給は中国、マレーシア、インドネシアなどからの輸入に頼っており、国内産木炭の生産は、大規模に工業化した製炭事業者

が中心になった。いわゆる「規模の経済」で大量生産、低コスト化を図るため、大規模な工業用炭化炉で量産している。

　では、高速炭化炉は、①誰が、②どこで、③どのように使用するのか。近年、環境問題への関心の高まりから、各地で、ボランティアや企業による森林の整備・保全活動が拡大している。2011（平成23）年12月に内閣府が実施した「森林と生活に関する世論調査」の結果によると、森林の手入れをおこなうボランティア活動に参加したいと回答した者の割合は51％となっている。森林の整備・保全活動を実施しているボランティア団体の数は、1997（平成9）年度の277団体から、2011（平成23）年度には3152団体へと増加している（林野庁、2012）。各団体の活動目的としては、「里山林等身近な森林の整備・保全」や「環境教育」を挙げる団体が多い。また、地球温暖化対策や生物多様性保全への関心が高まるなか、CSR（企業の社会的責任）活動の一環として、企業による森林の整備・保全活動が広がっている。企業による森づくり活動の実施箇所数は、2004（平成16）年度の493ヵ所から、2011（平成23）年度の1352ヵ所へと、大幅に増加している（林野庁、2012）。具体的な活動としては、顧客、地域住民、NPO（民間非営利組織）などとの協働による森林整備・保全活動、基金や財団を通じた森林再生活動の支援、企業の所有森林を活用した地域貢献がおこなわれている。正確な数は把握できないが、このなかで、炭焼き体験はポピュラーな取り組みであり、多くの場所で実施されていることは、各団体のホームページから明らかである。

　高速炭化炉はこのようなニーズにあうように設計された。炭焼きの実施者「誰が」というのは、ボランティアで参加する市民や一般企業の労働者である。つまり、炭焼き職人ではなく、素人である。よって、熟練を必要としないことが条件である。「どのように」は、ボランティア活動の形態を考えた場合、普通は日帰りの1日だけの活動である。実際、土曜だけや日曜だけという活動が多くみられる。ということは、1日で炭焼きが完了した場合、準備から片付けまで終了できる。つまり作業の区切りがよいことになる。また、自身が作業した結果を、当日にみることができるということも魅力である。さらに、製炭した炭を、お土産としてもち帰ることもできる。「どこで」というの

第4章　中等教育で成功した製品開発スキーム（工業高校モデル）

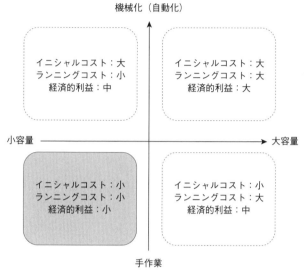

図 4-4　環境機器の処理容量と機械化におけるコストと利益の関係
（筆者作成）

は多くの場合、保全活動のベースとなる里山や森林公園内である。つまり工業用地ではない。常設的な工場設備でなく、簡易な屋根などがあるだけの場所と考えられる。それゆえ、小型トラックで運べる程度の大きさだと、移動するにも都合がよい。

　バイオ・ディーゼル製造装置についても、同様のことがいえる。食品工場から大量の廃食用油が出るからといって、大型の製造プラントを設置しても、需要と供給のバランスが問題になる。バイオ・ディーゼルは、自動車の代替燃料であるが、公道で使用するには法制的な手続きが必要であり、すべてのディーゼル機関でそのまま使用できるわけではない。また、プラント化されたような、一定の規模をもつ食品製造業者から、大量に排出される廃食用油は、燃料や洗剤、化粧品の材料として流通にのる。均質で大量に排出される廃油は原料として流通するため、そのまま売買するほうが手間やコストがかからない。そう考えると、大規模な設備をつくっても入り口と出口の両方で困難をきたす可能性が高い。つまりリスクが増大する。このような条件から

市民団体や授産施設、個人事業者レベルで扱える程度の処理量にニーズがある。

　以上のように、①誰が、②どこで、③どのように、処理するかを見極め、適正な規模で設計することが重要である。これまで、廃棄物の処理というと比較的規模の大きな産業廃棄物処理業者が請け負うことが多かった。それゆえ小型の装置はつくられてこなかったと推察できる。近年、環境意識の高まりで、NPOなどのボランティア団体が環境保全活動を担うようになり、小型の廃棄物処理装置のニーズが生まれた。

（3）まとめ

　以上のように、環境機器の設計においては、①素材の選択と、②容量の選択という二つの条件を満たしていることが必要である。とくに②容量の選択は、人間の活動パターンを中心にとらえた考え方であり、エスノグラフィーによる調査が有効である。

　炭化炉の例でいえば、多くの人が里山保全を考え、昔の里山保存方法をたどろうとするのであるが、生活様式や産業構造を含め、昔とは社会構造が大きく違う。里山は、かつては薪炭林や農用林といった農山村における生産林として利用され、ほかにも保安林として位置づけられてきた。しかし、高度経済成長期以降、農業の近代化やエネルギー構造の変化により、とくに生産林としての利用価値が減退したため、従来からの里山の管理がおこなわれなくなり、いわゆる森林の荒廃といった問題が表面化してきた。これにより、ボランティアによる里山保全の動きが活発になってきた。里山保全活動においては、上記でふれたように、森林の手入れをおこなうボランティア活動に参加したいと回答した者の割合は51％にのぼる。実際にボランティアに参加する人はこれよりもっと少ないであろうが、これだけの人が参加希望を示すということは、人々を惹きつける要素があるといえるが、現状は深刻である。大島昌平は、「この原因を里山が単に生産林としての機能を提供してきただけでなく、日本人の多くが共感する、昔懐かしい故郷の原風景としての価値をも有していたからであり、里山が農用生産の場としての機能を失って

第 4 章　中等教育で成功した製品開発スキーム（工業高校モデル）

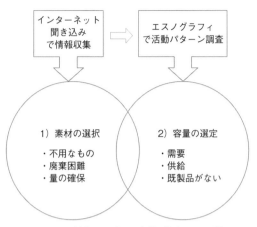

図4-5　環境機器設計の2条件（筆者イメージ）

しまっただけでなく、日本に固有の、あるいは地域に独特の伝統や文化を育んできた、人と自然とのふれあいの歴史もまた失われつつあることに、この問題の真の重要性がある」と指摘する（大島、2010）。

　産業技術の発展により、直接あるいは間接的に破壊されつつある環境に対し、人間の創造力によって生み出される社会環境に合致した技術が、解決の糸口になるであろう。

3．中等教育における製品開発の考え方

（1）工業高校における生産資本

　工業高校における製品開発は、稀有な例である。これは、工業的な製品開発が、高校生レベルの知識や技術では難しいという一般的な考えによるところである。また、高等学校の設置目的は、「中学校における教育の基礎の上に、心身の発達及び進路に応じて、高度な普通教育及び専門教育を施すことを目的とする」と「学校教育法」に明示されており、名実ともに、教育を目的とすることは揺るがしようのない事実である。

　このことからも、これまで教育と、経営マネジメントの一部と考えられる

表4-3 工業高校と生産資本の対応表（筆者作成）

生産資本	生産手段	労働対象	天然資源（鉱石・石油・木・etc） 原材料（鋼材・プラスチック・木材・etc）
		労働手段	加工機械・コンピュータ・校舎・etc
	労働力		生徒（教育を受け技術・技能を伸ばし生産性を高めることからヒューマン・キャピタル）

「製品開発」が、同じ文脈で扱われることは考えにくいものであった。

したがって、高校の中心はあくまで教育であるが、以下のように創造性教育は一面で製品開発の社会貢献をおこなう副次的効果があることもみる。

経営学のパラダイムからみると、工業高校はいわゆる「経営の3要素」のうち、物的要素である「機械設備」と人的要素である「労働力」を有している。これを、生産活動に当てはめると、生産手段の一部である「労働手段」が機械設備であり、「労働力」が生徒・教員ということになる。機械設備といっても、一般的には技術教育のための汎用機械が中心で、生産手段として、特定の製品を生産する目的に一致しているわけではない。しかし、大量生産を目的としないプロトタイプや、一品モノの生産であれば十分活用できるレベルである。

ここでいう労働力は、金銭的対価による労働ではなく、学習者の営みである学習活動に起因するものである。近年、労働力については「ヒューマン・キャピタル」という見方が注目されている。ベッカー（Gary S. Becker）によれば、「ヒューマン・キャピタルは工場と同じ「物理的な生産手段」であるほか、訓練や教育、医学治療といった形の投資が可能なものであり、人の生産能力は、労働への見返りの速度に依存する。したがって、ヒューマン・キャピタルは生産の手段であり、追加出資は追加出力をそれにもたらす」という（梅谷、1970）。よって、学習者の存在は、教育という投資を得て、技術・技能を獲得することから「ヒューマン・キャピタル」といえよう。

また、「生産手段」は「労働手段」と「労働対象」から構成されるが、「労働対象」とは、自然に存在する資源や、人間により何らかの加工を施した原材料を指す。

（2）工業高校における製品開発コスト

　このように、見方を変えれば工業高校も開発型の企業と同じような生産機能を有することがわかる。製品開発における製造コストは、一般的な企業で製作するより、工業高校で担うほうがはるかに低く見積もることができる。これは工業高校が有する「労働手段」と「労働力」において、製造に関わる経済的コストが、実は教育にかかるコストとして吸収されているからである。

　つまり、「労働手段」は、実習の教具という位置づけである加工機械類やコンピュータである。さらに、実習室自体や学校の敷地も労働手段といえる。無論、メンテナンスに必要な消費財や電気・ガスなどのエネルギーも労働手段といえるが、大量生産しない限りは些少である。また、「労働力」とは「労働手段」を活用して「労働対象」に何らかの働きかけをし、価値創造をおこなう人的要素であり、工業高校においては生徒である。よって、製造に関わる労力は実習などにおける学習行為の範疇といえる。また、生徒を指導する教員も、そこに含められる。

　上述のように、工業高校の設置目的からすれば労働手段の確保は必然であり、労働力は、工業高校自身の目的による営みから発生するものである。よって、追加する製造コストは発生しないと考えられるのである。

　また、製品開発における製造コストは製品の完成度によるが、これは企業においても工業高校においても完成度を高めれば比例してコストが上がるのは同じことである。完成度の最終到達点は、企業のほうが優るということに異論はないが、最終製品でなければ、そこは問題にならないであろう。近年は、産業教育においては企業との連携や、企業技術者の指導による実技指導などの、いわゆる「デュアルシステム教育」が文部科学省などにより推奨されている。そのことからみても、製品開発は産業教育の手段として認められる余地が多分にある。

　あらためて、利益構造を整理しておく。企業が新しい製品を開発し、それを販売して利益を得る製品開発のための投資は、知識、技術、製造のための設備、人材の確保などと多岐にわたる。企業規模が小さくなれば、社内のシ

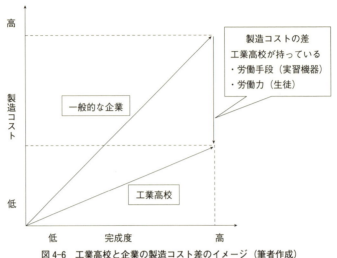
図4-6　工業高校と企業の製造コスト差のイメージ（筆者作成）

ーズで賄える範囲が少なく、製品開発は、中小企業のウィークポイントになっている。製品開発においては、人件費を含め、自社にない加工設備を使う部品などはアウトソーシングするしかない。ここに、多くのコストが発生する。この部分を工業高校が担えば、製品開発コストは大幅に削減できるため、工業高校と連携することはメリットとなる。

　また、工業高校が製品開発をおこなうというのは、現状、一般的ではない。つまり、ニュース性が高いことから、マスコミに取り上げられる可能性が高い。さらに、地域のイベントなどに出展することから、PR性は高い。

　よって、企業の出資は「労働対象」（原材料）だけということになる。

　また、社外の協力を得ることは、イノベーションの可能性を広げることでもあり、公的機関である学校との連携は社会的信用イメージの向上にもつながる。

（3）製品開発における工業高校の位置づけ（工業高校・企業・社会）

　一方、工業高校においては、公立はもちろんのこと私立においても公的資金が注ぎ込まれている。これは、教育という公共の投資と考えられるが、企

第4章　中等教育で成功した製品開発スキーム（工業高校モデル）

業連携によって製品開発が成功したからといって、経済的な利益分配を受ける構造にはなっていない。企業と工業高校というと人材の需要と供給の関係でつながっているが、中小企業が、人材採用において毎年コンスタントに人を採用できるとは限らない。また、大企業からの求人が多い工業高校にとっても、中小企業からの求人が明確なメリットとはいえない。そうすると、公的資金をもとにして一部企業が利益を得る、つまり工業高校という資源の目的外使用という問題が発生する。

よって、工業高校にとって、企業連携による製品開発に携わる明確なメリットが必要となるが、これは、前述の実践的な開発業務に参加することで得られる経験である。

実際に産学連携による製品開発では、顧客の調査から企業との情報交換、納期や手法の決定など、多様な要素が含まれる。これに、主体的に関わることにより得られる知識やスキルは、机上では獲得できないものである。これは、前述のヒューマン・キャピタルという考え方で、生徒・教員のスキルアップが利益となる。

近年、キャリア教育の視点から多様な社会体験が求められるのもこのためである。しかし、一般的な企業体験では2日から3日程度、生産活動と直接関わるのではなく、疑似的な作業を体験するだけで終わることが多いため、その効果には懐疑的な声もある。

また、インターンシップにしても、企業人による講演や体験事業にしても、企業の好意やCSR活動の一環としておこなわれ、利益は一方的に学習者側にある。実際に、インターンシップについても企業から依頼されることはなく、学校からの依頼により、意識の高い、業務や経済力に余裕のある企業が受けることになる。そういう意味では企業側の負担が大きく、対等ではなかった。

産学連携による製品開発は、企業側にも明確なメリットがあり、そういう意味では企業と工業高校が対等な立場で業務遂行し、生徒にとってはリアルな産業教育の実践である。よって工業高校の直接的なメリットは明確である。

また、製品開発をテーマとした場合、ステークホルダーとして、顧客とい

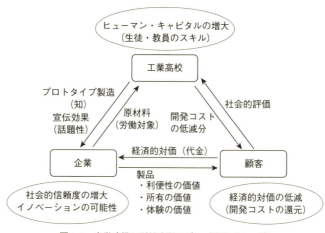

図4-7 産学連携の利益分配モデル（筆者イメージ）

う概念が加わる。つまり、産学連携で開発した機器による利益は、企業と工業高校だけでなく、ユーザーを介在する。このとき、公共的な資本が投入されている学校において、開発コストの一部が担保されていることを考えれば、その部分は社会に還元されることが望ましい。具体的には、工業高校が担った開発コストを製品価格から差し引いて末端価格を下げるということである。これが、ユーザーの直接のメリットとなる。

さらに、工業高校生が開発した機器ということで一つの物語ができ、これも一つの価値を生むと考えられる。

また、工業高校としては存在価値を高めるとともに、産業教育に意識の高い生徒を確保したいという思惑があることから、直接社会にPRすることのメリットもある。

つまり、製品開発による社会貢献は、社会的評価を高めることになる。このような利益構造を図4-7に示す。それ以外にも、個人や企業によって詳細な思惑の違いは存在する。個人においては社会貢献の実感が動機づけとなる場合も少なくない。『社会的交換理論』において、カール・ポランニー（Karl Polanyi）は、非市場社会において人間が自分ひとりの経済的利益獲得のために労働したことは一度もなかったことを主張した（ポランニー、1980）。市場社

会以前のそれは、すべてその個人が所属する共同体での信頼や賞賛を獲得するためにおこなわれるという。そして、ピーター・ブラウ（Peter Blau）は人間の財・サービス提供を動機付ける要素としての社会的価値の存在を明確にした（ブラウ、1974）。以上のように、経済的価値だけではなく、多様な価値が介在して、産学連携の利益構造を下支えしている。

ただし、学校を含む生産活動を営利活動ととらえた場合、工業高校による起因する開発コストの低減は、競合他社からみれば、不当な利益配分による優位性であると指定されても仕方がない。

これをふまえ、本書における事例の場合、工業高校で開発された技術内容は、独占しないという条件で企業と連携している。よって、これらの製品をつくりたいという企業があれば、技術提供してもよいとしている。

本書の実践事例は、価格も数百万円と決して安くないことから、もっとも売れた高速炭化炉でも10台を超えていない。これが大量に売れる製品であると、このような利益構造では、社会通念上理解されないことは否定できない。

それゆえ、本格的に産学連携を推進するのであれば、開発コストを経済的な価値として工業高校に還元し、その財源として、製品の販売価格に包含させることも必要である。しかし、現状では、公立高校が生産活動における経済的利益を収得するようなシステムにはなっていない。製品開発を産業教育で扱ううえで、必要なシステムとして整備すべきである。

第5章
工業高校モデルと既存の理論との比較

1．製品開発の理解
（1）製品開発の概念

　製品開発とは、アイデア、技術、情報が実際の製品として具体化され完成されていくプロセスである。開発の最初には、問題の発見・発掘があり、問題の本質を分析し、その課題に対して解決策（アイデア）を創出する。それは、完成度の低いものから始まり、徐々に精度を高め、次々に出てくる問題を解決していく、つまり問題解決プロセスと考えられる（延岡、2002）。企業における製品開発の具体的なプロセスは、製品企画、設計開発、性能試験・解析、要素技術開発、生産準備、開発管理など多岐にわたる。また、製品の属性や企業規模、自社生産割合などによっても変わってくるが、これを大別すると、問題の発見からプロトタイプの創出までを網羅する企画・設計的側面と、実際に生産計画を立て部品調達から量産までを考える生産的側面とに分けられる。これを、製品開発の上流過程と下流過程と称されることもある。日本企業は、ここでいう上流過程が脆弱であると指摘する研究者は多い（奥出、2007）。

　本書のテーマは、中等教育段階における産業教育に関わるものである。なかでも、モノづくりの教育実践から、創造性教育の方法と効果を検討するものである。それゆえ、創造性教育では、必然的に下流過程である生産的側面ではなく、上流課程の企画・設計的側面が中心となる。また、中等教育段階における産業教育の範疇で扱うレベルであるから、いわゆる、最先端科学を駆使したような高度な製品開発を扱うことはできない。しかし、製品開発に

おけるスキーム、すなわち、問題の発見・発掘から始まり、問題の本質を分析し、その課題に対して解決策（アイデア）を創出し、さらにプロトタイプを製作して実物で検証し、新たな課題を探り、製品の完成度を高めていくという一連の流れは、技術レベルの高低を問わず共通のパターンであると考えられる。よって、本書では、この上流過程である企画・設計的側面を中心に、製品開発の方法を論じるものとする。

　奥出直人の指摘をふまえると、これは広い意味で、日本企業の弱点を補う教育の可能性を示すものといえる（奥出、2007）。

　ところで、近年よく耳にする「モノづくり」という言葉であるが、素材を加工し成形する、あるいはデザインやアイデアを目にみえる形で創出する課程や作業形態を総称したものといえる。つまり、抽象的な概念であるため画一的な共通の定義づけは難しく、さまざまな定義が存在するのである。製造業の人材育成教育に造詣の深い山脇正雄は、「科学技術による基礎研究成果を"モノ"（商品、製品）の発想点とし、技術と技能が車の両輪となり、設計、製造、更にリサイクルまでの構想と実現」と詳細に定義している（山脇、2002）。山脇のいう、技術と技能の境界もまた明瞭な線引きはできないと思われるが、例えば既存の図面に記された寸法通りに部品を仕上げるなど、旋盤やフライス盤による切削加工などの単純な技能も「モノづくり」と称されることから、山脇の主張するような、オリジナル作品を創発する企画・設計から始める「モノづくり」と分別する必要がある。

（2）製品開発の質的な違い

　製品開発プロセスは、研究上では、製品開発を複数の質的なタスクを時間的に順次おこなう連続的な段階や活動ととらえる「製品開発プロセスのリニア・モデル」と、ある特定の顧客ニーズに応じた製品を開発したり、ある新規技術を製品として実用化したりといった、目的・手段の因果関係にもとづく製品開発プロセスのリニア性を否定した「製品開発のノン・リニア・モデル」とに分類される（川上、2005）。

　ハードディスクの記憶容量の向上や、ディスプレイの解像度を高度化して

鮮明な画像を提供するというような製品開発は、技術的に高度な要素が必要なものの、とくに新たな創造を必要としない改良的な、あるいは定型的な製品開発といえる。

これに対し、入浴中に視聴できる完全防水型のテレビや、腕時計に携帯電話の機能を組み込むという開発は、人々の生活スタイルを変えるということでは、これまでにない発想が必要であり、創造的な製品開発といえる。

定型的な製品開発は川上智子のいうリニア・モデルで、創造的な製品開発はノン・リニア・モデルといえる（川上、2005）。技術レベルでの高低は開発製品の属性に由来するところが大きいので一概に言及できないが、価値創造における「発想のレベル」を考えれば、後者のノン・リニア・モデルのほうがより創造的であるといえる。

もちろん、すべての製品開発がリニア・モデルとノン・リニア・モデルに分別できるわけではない。川上が提起している「新製品開発プロセスの状況論モデル」では、「あくまでも非決定論的なノン・リニア・モデルを前提に置きながらも、新製品開発プロセスで部分的に決定論的なリニア・モデルが出現する」としている。すなわち、その中間に位置するいわば折衷型の製品開発というのがほとんどであると推察できる。

例えば、パソコンに使われるCPUにおいて、処理速度のより早いものが開発されれば、それをパソコンに搭載し、より処理速度の速いパソコンとして製品化できる。しかし、このような製品開発はすぐに競合他社も同じようなスペックで市場投入することが予測され、結果、価格競争は避けられず、大きな利益は期待できない。

近年、パソコンや家電製品において、中身に同じ部品を使用しているということが珍しくない。これは、製品のコモディティ化である。コモディティとは、同じカテゴリーの製品であれば性能に差がないという意味である。これにより、製品の売れ行きは価格の安さとデザイン、およびメーカーのブランドイメージなどで決まるが、OEM（original equipment manufacturer）商品が多くなった昨今では必然的に価格差に注目が集まる。

少々古い例ではあるが、シャープの「液晶ビュー・カム」という製品は、

それまでの撮影スタイルを一変させた画期的な商品である。今ではビデオカメラだけでなく、デジカメにまでディスプレイが付いていることは当たり前であるが、それ以前のビデオカメラは、撮影時に小型 CRT を使用したビュー・ファインダーを覗いて被写体を確認しながら撮影していた。シャープは、ビュー・ファインダーのかわりに液晶ディスプレイを本体外側に搭載し、この液晶画面を見ながら撮影できるようにした。

実は、ビュー・ファインダーを覗くという操作は、撮影者が動きながら撮影するには非常に危険であった。また、眼鏡着用時は使いづらく、付けまつ毛やマスカラを使う女性にとっては、わずらわしいものであった。とくに、ビデオカメラは子どもの成長記録をとることを目的に購入する場合が多いことから、動きながらの撮影となる。よって、液晶ディスプレイの果たした役割は非常に大きい。

結果、「液晶ビュー・カム」の登場以降、メーカー各社がビュー・ファインダーのかわりに液晶ディスプレイを搭載するようになり、現在のビデオカメラやデジカメもこのスタイルを踏襲している。

上記のように、ユーザーの利用スタイルまでも変容させる製品開発はノン・リニア・モデルといえる。さらに、画素数の向上や小型軽量化は必然であり、そういう意味ではリニア・モデルも抱合されている。

近年、製造業のグローバル化が浸透し、機械的性能に関してコモディティ化が進んだことにより、製品の競争力は価格競争力一辺倒になり、収益率は低下する一方である。これにより製造業における製品開発は、後者のようなノン・リニア・モデルが優位になった。

しかし、液晶ビュー・カムの例にみられるように、新しいコンセプトはすぐに真似されるのも事実である。知的財産権で保護されたとしても、既存技術の組み合わせは簡単に類似品がつくられ、公知になれば新規性は消滅する。ノン・リニア・モデルは、収益性は期待できるが、企業としては継続的な製品開発が必然であることにかわりはない。

(3) 製品開発の流れ

　製品開発の流れは、対象とする製品分野や開発の現場となる企業によって大きく異なる。中堅規模以上のメーカーでは、企画部門、開発部門、設計部門、製造部門など、製品開発に関わる部所が階層的に存在するのが一般的である。さらに製造部門では電子回路や基板の実装部門、機械加工や溶接加工、鋳造や組立など、担当分野が細分化されている。各部門が、決められた業務をリレーのように、順番に進めるというような単純なものは考えにくい。それぞれ個別の機能をもつ組織が、連携しながらも個々の専門範囲において同時進行で進めていく。場合によっては、系列企業で分業することも珍しくない。また、開発中にも、他社から発売される新製品の影響や社会状況なども考慮し、開発段階で目標が変更されることもある。さらに、製品開発といっても企業間取引で製造業者に販売する生産財になると、すでに目的や実現すべきスペックが決められている。このようなものであれば自由度は低く、おのずと創造的な製品開発とは方法が異なる。これらをふまえたうえで、ここでは延岡健太郎の解説モデルを以下に示す（延岡、2002）。

製品企画
　製品開発では、まず、どのような製品を開発するのかを決める。具体的には、製品コンセプト、技術設計、収益性計画などを検討する。この製品企画によって、製品開発の目標が決まる。

【製品コンセプトの設計】
　製品コンセプトは、製品企画のなかで中心的な位置を占める。誰に、どのような価値を提供するのか、を決める。顧客は、製品を購入する場合に、モノではなくその製品が提供する価値を購入する。

【技術計画と収益性計画】
　技術計画では、まず製品全体の構造や部品レイアウトを決める。そのなか

でも、とくに中核的な技術の仕様を決める。また、その技術の開発や生産をすべて社内でおこなうのか、それとも外部企業を利用するのかを決める。収益性計画では、販売量や価格と設備投資や技術設計で考えられた大まかな技術仕様から製造コストの目標を計画し、収益性の検討をする。

設計開発と試験・テスト・解析

　製品企画が完成したら、具体的な設計開発業務に入る。この段階でのアウトプットの目標は、コンセプトに合致した機能やコストを実現することと、設計図の完成である。設計は、創造的なタスクである。製品コンセプトで決めた機能的な目標と、工学的な知識体系を考えあわせながら設計案を創出する。また、その設計案が、実際に目標機能や製品コンセプトに合致しているか検証する。そして、設計案の創出と検証のサイクルを繰り返すことによって設計がある程度具体化してきたら、それを実際にテストするステージに入る。方法としては、実際に部品や製品を試作する場合と、コンピュータ上のモデルを使って解析（CAE：Computer Aided Engineering）する場合がある。

要素技術開発

　製品開発プロセスが、後半になるにつれて、ある部品の開発が遅れたり、あとで変更されたりすると他の部分にも波及し、影響が大きくなることから、製品企画から始まる通常のプロセスに先駆けて、鍵となる要素技術の開発をスタートさせる必要がある。

生産準備

　製品設計が、開始される前に、生産技術の視点から、工場で生産しやすくするための設計条件を製品技術者へ提示する。つまり質、大きさ的に加工可能な範囲を示すことである。

開発管理——原価企画・利益管理・工数管理

　製品開発を進めるうえで、もっとも重要な課題の一つがコスト管理である。

この方法として、原価企画がある。製品企画の段階で、目標コストを設定する。目標コストは、顧客価値の視点からみた販売価格から、経営戦略上必要とされる利益目標を差し引いたものでなければならない。コストとして主要なものは、材料費、加工費、購買部品費、試作費、人件費などである。コスト削減には、設計の変更や部品企業との調整、開発工数の管理が重要である。

このように、一般的に企業で実施される製品開発プロセスは、複雑で簡単ではない。それなりに時間も要する。延岡健太郎によれば、全産業で実施される製品開発にかかる期間の平均は2年から3年であるという。このような、長期にわたる製品開発はコストも時間もかかり、本書で取り上げる産業教育の手段としては適当でない。むしろ、社員研修や教育現場で取り上げられている製品開発プロセスは、小規模企業や個人事業における製品開発の流れに似ている。

そこで、延岡のプロセスモデルをもとに、生産管理やコスト管理の概念を省いて、製品開発プロセスを概念化すると、「製品開発の4フェーズモデル」として、①製品企画、②設計開発、③試験・テスト・解析、④製品完成という形に簡素化できる。これを、一般企業における製品開発の基本的な流れとして本書での製品開発の流れと対応させた（図5-1）。なお、④製品完成のフェーズは、作業でいえば修了を意味するもので、特別な行為・操作はないものとする。

製品開発の一般的な流れは、社会的背景や開発組織の理念・哲学的背景をふまえたうえでの「モノづくり」への考え方、問題意識をビジョンとして決める。例えば、工業高校などであれば、社会的貢献度の高い「環境」や「福祉」に資するモノづくりを主眼としたビジョンをもつ場合が多い。その視点から、社内シーズの調査やインターネット検索、フィールドワークで情報を取得し、改善すべき課題は何かという「問題提起」から始める。

問題提起された内容について、本質的な問題は何か、その根源はどこにあるかなど、問題を構造的に分解して改善点に焦点をあてる「課題設定」をおこなう。設定された課題に対し、課題を解決するための「アイデアの発想」という作業がなされ、発想したアイデアを具現化するための「プロトタイプ

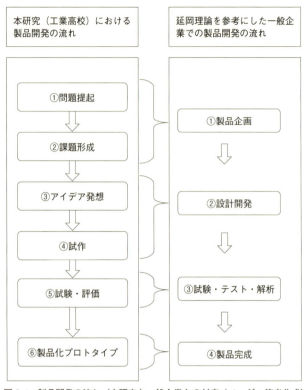

図 5-1　製品開発の流れ（本研究と一般企業との対応イメージ：筆者作成）

製作」をおこない、試作品の実用性の試験や有効性の検証結果である「評価」、狙い通りの結果であれば「製品」の完成型となるプロトタイプが完成される。また、製品開発の作業は、問題提起から始まり最後にその問題を解決できたという結果を求めるものであり、問題解決の手段といえる。

　無論、小規模事業であっても、実際の製品開発ではさまざまなパターンがある。例えば、問題提起においては、①これまでにない新製品の創作か、②ユーザーからのクレームか、③売り上げの低下か、④社内シーズの活用促進かなど、開発の必要性による違いによって必然的に手法は変わる。また、開発対象が、①自動車なのか、②被服なのか、③文房具なのかなど、製品の価格帯やユーザー層によっても異なる。仮に、同等な開発ニーズや、同種の製

品であっても、企業によって手法や手順が変わることは必然であろう。

２．中等教育の製品開発スキーム──工業高校モデル

（１）アマチュアのモノづくりにおけるプロセスモデル

　第３章で取り上げた工業高校における製品開発は、基本原理として新しいテクノロジーがあるわけではなく、それこそ１世紀以上も前から存在する化学反応を機械化したものである。

　BDF製造装置は、脂肪酸をアルカリ触媒でエステル置換することにより、メチルエステルとグリセリンに分離し、メチルエステルを軽油の代替燃料として利用するものである。高速炭化炉は、1000年以上も前から人間の営みとしておこなわれてきた炭焼き作業を、時間的に短縮すると同時に品質を高めたものである。原理は、樹木の成分であるリグニンやセルロースを熱分解して、炭素を分離する。減圧蒸留装置は、植物に水蒸気を当てエッセンシャルオイルを気化させたあと、温度を下げることにより液化させて採取する。その際、負圧によって沸点をコントロールすることにより、品質を高めるものである。

　特筆すべき点は、現場の使用状況にあうようにコンセプトを考え、ユーザーの作業形態や心理的欲求にあうように工夫した点である。また、それらの装置によって生産される産物の利用法を考えたことである。これを可能にしたのは、現在であれば簡単に手に入るが、半世紀も前であれば存在していなかった高機能素材、例えば綿のように軽くて1260℃の高温に耐えられるセラミック・ウール（アルミナを主原料とした繊維）や、耐薬品性が高く、錆びないステンレス鋼などである。

　また、これらの装置には汎用のコンピュータを取り付け、これまで人間が「熟練の勘」に頼っていた部分を数値として視認できるようにし、自動で運転できるようにした。つまり、基本原理はよく知られたものであり、簡単な化学変化を応用したものであるが、これまでに世の中になかったものであるという点では創造性の高い製品といえる。

これらは、多数販売されたわけではないが、価格が設定され、それぞれメーカーから受注生産で販売実績をもつことから、工業高校における稀有な製品開発の例といえる。
　これら三つの装置は、製品として世に出た具体例であるが、開発には一定のスキームが存在する。パターンとしては、本章「1.（3）製品開発の流れ」で示したような製品開発の流れと、各工程は同じであるが、順番や流れが異なる。企業では、製品開発の流れが直線的で、各工程である程度の完成度をもって次の行程へ送られる。これは、組織の技術人材や生産設備が整っており、製品開発という不確定な作業においても、ある程度の計画にあわせて進めることができる一定規模のメーカーであれば可能であるが、工業高校のような、設備も予算も技術レベルも脆弱な環境ではそうはいかない。よって、完成に近い設計をおこなってからモノをつくるという方法ではなく、簡単な実験や試作を繰り返しながら完成度を高めていく方法がとられる。いわば、アマチュアのモノづくりといえよう。
　高速炭化炉の開発では、実際に山で昔ながらの炭焼きをおこなうところから、BDF製造装置では、PETボトルで化学実験をおこなうところから始める。小さな失敗と、小さな成功を繰り返しながらブラッシュアップしていく。それゆえ図5-2にフィードバックの矢印が複数入るのである。

（2）本研究のモデルによる工業高校における製品開発のポイント

　第4章「1.工業高校で成功した製品開発スキーム」で述べた工業高校における製品開発のポイントを、さらに要約して再掲する。

（K1）目的の明確化と共有
　今から、自分たちがおこなおうとしている開発の目的と内容を、チームのメンバー一人一人に確実に意識させる。

（K2）納期の設定
　実際は、学校教育でのモノづくりに納期はないが、納期を決めなければ時

第5章　工業高校モデルと既存の理論との比較

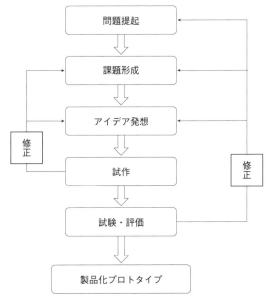

図5-2　製品開発の流れ「工業高校のイメージ」（筆者イメージ）

間的な計画を立てることができない。期限がないと、焦りもないかわりに集中も起こりにくい。

（K3）自己決定

　儀式的な行為ではあるが、チームで共通の意思決定することは、メンバーのモチベーションを高めるとともに、熱意が失われそうになったとき、奮起する材料となる。

（K4）収集された情報と実験の共有

　各メンバーが、リサーチした情報はチーム全員で共有する。実験による体験も共有する。これにより帰属の意識と一体感を醸造する。

（K5）フィールドワークによる問題の把握

　リサーチの最終型は、現場から情報を収集すること。アンケートやインタ

ビューでは得られない情報を得る。また、現場からインスピレーションを得る。

（K6）拡散ではなく「困難の分解」
　拡散ではなく、分解のブレインストーミング（割り算型イノベーション）をおこない、徹底的に困難の原因を分解する。困難を分解することで、一つ一つのハードルが低くなり、ブレイクスルーを可能にする。

（K7）いつでもどこでもブレインストーミング
　小さな疑問や迷いが生じたら、メンバーを集めて場所を問わず、ブレインストーミングを始める。実習場であれば、床にチョークで直接書き込む。

（K8）あるもの、できることを駆使して、ラピッド・プロトタイプを製作する
　具現可能なことを選び、試作と実験をおこなう。プロトタイプを作成して実際に実験し、新たな問題を発見し、解決するというプロセスを繰り返す。

（K9）開発過程と装置によって製品をイメージさせる
　企業への製品提案では、開発の目的、開発過程、今後の展開予測を提示する。「百見は一考にしかず、百考は一行にしかず」のごとく、プロトタイプをみせ、体験させる。

（K10）役割の固定化
　メンバーの作業を固定化することによって、専門家（得意分野）をつくる。チームのなかでの「責任感」と「自己効力感」が醸造される。

（K11）メンバーによる相互評価
　チーム内で、自己も含めた相互評価を実施する。競争的要素をもち込むことにもなるが、チームが一つの目標に向かって進んでいるとき、お互いを認

めあう方向で評価される。

（K12）高校生という意識を払拭する

メンバーがそれぞれ自分の仕事を自覚し、納期を意識すればおのずと時間は延長される。「学校に行っているのか仕事に行っているのかわからない」というような感覚をもつ。

（K13）チームの結束を強める演出

納期が迫り、遅くまで作業が続くときは、にわかに料理長役ができ、安価な食材で即席の雑煮鍋をつくり、メンバー全員で囲む。こういったつながりがチームの結束を強める。

3．大企業の製品開発スキーム──コンカレントモデル

（1）製品開発における価値創造の要因

1990年代頃までは、開発当初は製造コストが価格を上回りつつも、次第に認知され、大量生産が進めば、製品価格はコストを上回り、利益が生まれるようになるというモデルが一般的であった。

しかし、その後、インターネットの普及や新興国の台頭により、このような製品開発におけるコストの回収と収益を上げるモデルの成立が難しくなってきている。これは、過剰な開発競争からくる製品サイクルの短縮と、製造業のグローバル化、製品のコモディティ化などにより、製品単価が下がっていることに起因する（加藤、2008）。

また、特許を取っても、比較的短期間にそれに追随する技術開発がおこなわれ、製品競争力はすぐに失われるようになった。このような状況において業績を高めるには、明確な独自性や差異化が必要であることはいうまでもない。延岡健太郎は、製品開発における差異化を「製品における差異化」と「製品開発能力による差異化」の二つのレベルに分けて論じている（延岡、2002）。さらに、製品における差異化は三つのレベルでとらえることができる

といい、「機能」「機能軸」「製品分野」に分けている。「機能」は、スペックの向上というこれまでの製品開発である。

「機能軸」とは、メイン機能としてのスペックではなく、見た目の斬新さや所有の喜びを提供するものである。「製品分野」とは、これまでに市場になかったものを創出することであり、たとえばiPhoneなどが好例である。機能軸や製品分野は、市場に受け入れられれば大きな利益が期待できる。

しかし、このレベルの差異化は、これまでにない製品カテゴリーを創造することになるので、普及までに時間がかかる。その間に、他社が同じようなものを出してくれば、高い利益は望めないことからリスクは大きくなる。

これに対し、製品開発能力の差異化は、製品の差異化よりも真似されにくく、持続性が高いという。一般的に新製品が市場に登場すると、競合企業は徹底的にそれを研究する。実際に競合製品を分解して設計や技術を研究すること（リバースエンジニアリング）も少なくないという。しかし、製品開発能力とは、開発の仕組みやプロセスであるから、外からは簡単にみることができない。しかも、一つの製品だけでなく、あらゆる製品の開発で活用が可能である。それゆえ延岡健太郎は、製品開発能力こそが重要であり、これに関して強みがなければ、低成長時代のなかで高収益をあげることはできないと断言している（延岡、2002）。

延岡は、製品開発能力は、「技術力」「組織プロセス能力」「価値創造能力」の３分野に集約して考えることができるとしている。しかし、技術力は、仮に特許で保護されたとしても、予想以上に簡単に模倣されてしまうと指摘している。組織プロセス能力とは、短期間かつ少ない行程で高い品質を実現させる組織力だという。この成功例としてトヨタ自動車を挙げている。三つめの高い価値を創造する能力とは、顕在化した顧客ニーズではなく、潜在的なニーズを掘り起こすことができる能力である。その好例として、ソニーや本田技研工業を挙げている。

以上のように、延岡は、製品による差異化より、製品開発能力による差異化のほうが、より重要であると説明している。なかでも製品開発プロセスやマネジメントにおいて、独自的な強みをもつことに大きな意味があると述べ

ている。

（2）コンカレント・エンジニアリングによる製品開発のポイント

（C1）作業をグループごとに分けて同時進行でおこなう（コンカレント・エンジニアリング）

　延岡健太郎は、製品開発における最大の課題は、開発期間の短縮と開発効率、そして品質の向上を同時に実現することであるといい、その方法としてコンカレント・エンジニアリング（並行設計）が重要だと述べている（延岡、2002）。

　コンカレント・エンジニアリングとは、企画以降の設計を要素ごとに順番に進めていくシーケンシャル・エンジニアリングとは異なり、複数の要素開発を同時進行で進めていき、最後に統合することにより、開発時間を短縮するものである。企業規模が大きくなれば、開発要員も増えるため、要素を分散して同時進行するというのは当然の流れであろう。

　コンカレント・エンジニアリングのメリットは、開発時間の短縮だけではない。途中で各要素の設計が変更されても、同時進行中であれば設計の変更が容易である。もし、要素を順番に完成させてから次行程へ送るとなると、すでに終わった設計まで戻り、やり直すというような事態が生じる。他方、開発のラインが分散されれば、それぞれの整合性の確保が難しくなる。それゆえ各部門が設計の初期段階から念入りに情報の共有をおこなう必要がある。

　延岡は、それゆえ組織マネジメントの良し悪しで製品の品質や開発プロセスの効率性、スピードなどに大きな違いが生まれると指摘する。

（C2）情報の共有と伝達を密にする

　コンカレント・エンジニアリングのポイントは、設計の初期段階から同時並行に設計を進めていく各部門が、徹底的に情報共有をおこなうことである。最初から最後まで情報伝達も密におこない、随時更新していく。

　また、製品設計と生産技術の両部門も一緒に検討し、製品設計の途中段階でもできるだけ多くの図面や情報を生産技術に伝え、生産準備がなるべく早

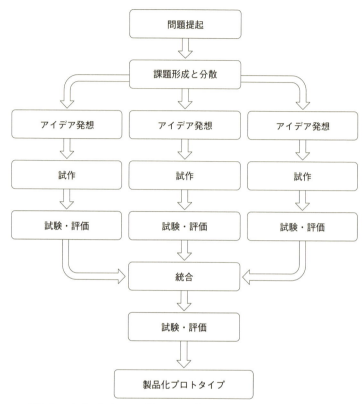

図 5-3　コンカレント・エンジニアリングによる製品開発の流れ（筆者作成）

く開始できるようにすることである。

（C3）できるだけ早く問題解決を前倒す（フロントローディング）

　製品開発とは、情報や知識が目にみえる形として製品に向けて徐々に具体化されるプロセスである。また、多くの部品が別個に開発され、徐々にすべてが組み合わされていくプロセスでもある。それゆえ、プロセスが進むにつれて、設計の修正や変更が増えてくる。また、変更が遅れるほど、他の部品への影響も大きくなる。

　これらのことを考慮すると、できるだけそういった問題解決は前倒すほう

がよい。後工程で起こりうる問題をなるべく早い時期に顕在化させることである。つまり、問題発生の抑制活動である。このことは、フロントローディングと呼ばれる。これを実現する手法がコンカレント・エンジニアリングである。この方法で試作品ができる前に多くの問題を顕在化させ、先に解決しておくことにより、試作後の事後的な問題解決を避けるというものである。

図5-4は、延岡健太郎が、ある企業の問題前倒しの成果を調査し、イメージとしてグラフ化したものである。試作品完成時を基準とした業務工数のピークは、コンカレント・エンジニアリングが試作品完成時より前で、シーケンシャル・エンジニアリングではうしろである。つまり、コンカレント・エンジニアリングを導入したことで、業務工数が前倒しになっている。

（3）工業高校モデルとの比較

コンカレント・エンジニアリングは、多くの企業で取り組まれている。しかし、この場合、企画部、設計部、製造部など、多くの部門を有している比較的規模の大きな企業が対象である。これは、延岡健太郎が成功例として挙げている企業の規模からみても明らかである（延岡、2002）。

一方、筆者が実践している工業高校の課題研究のようなグループでは、構成員（生徒）に専門的な技術があるわけではなく、また、10名以下であることから単純な比較はできない。また、延岡は製品開発の各フェーズにおいて具体的実施のポイントを示していないため、フェーズごとの比較はできない。しかし、コンカレント・エンジニアリングの本質をとらえると、各工程を同時進行で実施し、比較的早い時期に問題を顕在化させるということを、機能的に比較することが可能である。

そこで、製品開発プロセスの流れと機能的側面に着眼して、工業高校の流れと比較した。その違いは、工業高校による製品開発プロセスが単線（図5-2：製品開発の流れ「工業高校のイメージ」）であるのに対し、コンカレント・エンジニアリングは、その名のとおり複線（図5-3：コンカレント・エンジニアリングによる製品開発の流れ）になっている。

前述のように、構成員が多い場合は必然的にチームを分散するほうが効率

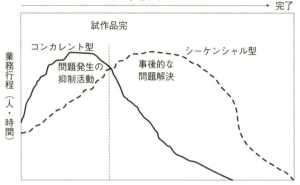

図 5-4　コンカレント・エンジニアリングによる問題解決前倒しの成果
出所：延岡（2002）をもとに筆者作成

的である。また、同時進行することにより、開発スピードは大幅に上がる。つまり、開発スピードを上げることによるメリットとして、問題の顕在化がより速く可能になるということである。

　しかし、逆に、情報の共有がうまくいかなければ、各部門同士の進度があわず、待ち時間の増加や部門間の不満を助長する。また、改訂個所の齟齬が発生すれば、調整に時間がかかり、開発速度が上がらないばかりか、何度もやり直すことになり、逆に遅くなることも考えられる。

　これについては延岡も、多くの企業がコンカレント・エンジニアリングを採用しても効果があがらない事例が多数見受けられると指摘しており、これを防ぐためにはコミュニケーションと情報交換が鍵になると述べている。これらを徹底する一つの方法として、情報交換や設計の変更をともなう業務に関して、厳格なルールをもち込むことも考えられるが、そうなると開発自体が硬直化し、イノベーティブな要素の出現は期待できなくなる。むしろそうした並行作業の分業が、それぞれの作業を合体させるときに独創的なアイデアを取り込むことができず、イノベーションの足かせになっている可能性がある。小規模事業のようなシンプルな流れが創造的な製品を生みやすいというのは、上記の理由から明らかである。

　これに対し、工業高校の単線的な開発では、グループ全員が情報を共有す

ることが容易である。構成員の少なさから、改善案の協議には全員が参加することができ、いわばリアルタイムに情報共有がおこなわれている。それでも、くわしくみると、コンカレント的な要素も含まれている。例えば、溶接をする者と切削加工をする者とでは分業している。

では、どこが違うのか。コンカレントモデルと対比したとき、実は工業高校モデルは、企画の段階に近いといえる。つまり、コンカレントモデルの一段先の段階で試作をおこなうということであると考えられる。工業高校では試作品をつくり、最終製品化は企業にゆだねる。つまり、製品開発の上流課程で完結してしまう。こう考えれば、コンカレント・エンジニアリングの上部に工業高校のモデルをもってくることで、より効果をあげられるといえる。

延岡がコンカレント・エンジニアリングの利点として挙げているフロントローディングを、企画の段階で実施することで、さらなるフロントローディングが可能になるといえる。事実、本書の実践例でも企業と工業高校とのつながりがそのようになっている。

4．発明家を中心とした製品開発スキーム──発明家モデル

（1）イノベーションと発明

製品開発とは、新しいアイデアにもとづくコンセプトに従い、製品をつくり出すことであり、企業にとってはそれを市場に投入する段階、市場拡大や利益拡大までを含む概念であるということもできる。この製品開発の根本は「発明」である。「どんな製品やサービスも、ある時ある個人がひらめいたことから誕生したものであり、発明からテクノロジーが開花するわけであるからこそ、発明は個人や企業が取り組むべき最も価値ある活動である」と主張するのは元マイクロソフト社副社長のネイサン・ミアボルド（Nathan Myhrvold）である（シュワルツ、2013）。

ミアボルドの主張によると、発明がいたるところでないがしろにされているという。「エンジニアリングの分野では、アイデアを練って実行することの方に力が注がれ、発明そのものはあまり注目されない。時間と労力とコス

トの殆どが、必要ではあるが面白みに欠ける部分に投じられている。多くの企業や機関で発明を製品化して市場に送り出すことが重視されているせいで、発明そのものの輝きが陰る。発明があればこそ不可能なものも可能になるというのに、肝心の技術革新の源泉が軽んじられている」というのである。

　厳密にいえば製品開発と発明はたしかに違う。発明をもとに製品化するのが製品開発であり、そういう意味では発明が製品開発の先行概念であるといえる。では、発明なくして製品開発がありうるかと考えた場合、たしかに改良という概念による製品開発も少なくはない。例えば、車のエンジンでも吸排気のタイミングを変更して出力向上したエンジンを開発した、というレベルであれば、これは「発明」といえるのかは疑問である。

　しかし、改良にはこれまでにない工夫がいるのであるから、簡単であっても「発明」といえなくもない。こうなると議論は発明や改良、製品開発の定義の問題となり、その線引きが明確でない以上、普遍的な統一解を出すことは不可能である。

　しかし、ミアボルドの主張は「改良型の製品開発」と「創造型の製品開発」というとらえ方をすれば理解可能である。これは、本章「1．(2) 製品開発の質的な違い」で論じた違いであると解釈できる。たしかに、この違いが21世紀をまたぐモノづくりの変革として注目されているわけである。

(2) 発明家における製品開発のポイント

　偉人の伝記ではよく聞かれる言葉ではあるが、「発明家」という職業は存在しない。しかし、発明家は実際に存在する。それは科学者やエンジニアである必要はない。発明は学問分野を問わない。だから、科学の領域にこだわらず知見をもち出して、分野を問わず、問題に応用できる。発明家の代名詞ともいえるトーマス・エジソンは、科学者ではなく、いわゆる狭義のエンジニアでもないが、「発明王」と称される。日本においても、そのような人物は少なくない。著名なところでは、インスタントラーメンを発明した日清食品ホールディングの創業者、安藤百福氏、真珠の養殖法を開発した御木本幸吉氏、自動織機を開発した豊田佐吉氏など、発明家を挙げればきりがない。

エヴァン・I・シュワルツ（Evan I. Schwartz）は、エジソン、スティーブンソン、ワットといった工業化社会の礎を築いた発明家から、スティーブ・ジョブズをはじめ21世紀に活躍中の発明家まで、数多くの発明家を調査するなかで、発明のプロセスに共通性があることを見出した（シュワルツ、2013）。

シュワルツによれば、「発明家は発明そのものを目的とし、アイデアこそが原点だという信念を体現する。発明家は金のために発明をするのではなく、発明家は何かをつくり出そうとする内なる衝動をもっている。子どものころから探求心にあふれ分解や理科の実験に興味を示す。仕組みを知りたい、なぜうまくできているのかを探りたいと思っている」と指摘している。

たしかに、先に挙げた発明家たちの伝記を読めばそのとおりである。さらに、「発明家は、いつでもどこでも発明へのブレイクスルーとなる着想を考えている。思いつくアイデアの大半は大したものでないというが、貴重なアイデアにたどり着くには、その何倍ものアイデアを思いつかなければならない。／発明家は、でたらめなようでいて、実は一定の手順に従っている。発明とは、一連の発想戦略をツールとして生まれるもので、料理や演技やセーリング等のスキルと同じように、教え、学び、実行できる」と主張する。

以下では、シュワルツの例示した発明家のスキームについて、11のポイントにまとめてみよう。

（H1）可能性を創出する

発明家は新しい製品を生み出す前に、新しい可能性をみずから創出する。対象が何であれ、発明家は未完成な部分に目をつける。そして、もっとよいものにできるはずだと考える。

「必要は発明の母」ではなく「発明は必要の母」である。優れた発明は顕在する必要性を満たすために生まれたと思われがちだが、本当は発明が先にあって、そこから必要が創出されている。カール・ユングによれば、必要性を創出しようとする原動力は、人間の経済活動の場で満たされていない必要を満たそうとして生まれるのものではなく、個人の内面から生じるものだという。さらに、「独創性に満ちた心は好きなものと戯れる。原動力は子ども時

代の経験や想像から生まれる。新しいものを創造するのは知性ではなく、内的必然性からはたらく遊びの本能なのである」という（ユング、1972）。

　発明家たちは、分野や技術領域を自在にまたいで発想を広げる。発明家は疑問を抱くことを知っている。新たな疑問を提起し、頭を抱えながらメンタルモデルをつくり上げ、さまざまな解決策を心に描く。

　筆者は、発明家は「必要」に応じるというよりも「心に描く空想」を形にすると解釈した。

（H2）問題をつきとめる

　発明家は問題の解決がうまいのではなく、問題の発見がうまい人といえる。他人が気づかなかった問題を発見する者もいれば、大きな問題の一部に解決の見込みを見出す者もいる。問題が正しく突き止められていなければ、誰にも必要としないものを発明するか、手に負えない問題と格闘するはめになる。

　筆者は、問題の発見と、課題の設定が正しくできるということであると理解した。

（H3）パターンを認識する

　発明というと、説明のつかない想像力の飛躍から生まれるものだと思われがちである。しかし、素晴らしいインスピレーションは見かけほど不可思議なものではない。新しい解決策は、新しいパターンを認識することからも導かれる。パターン認識とは発想のツールである。もっている知識が固定観念になって柔軟な想像力を妨げるのではなく、むしろ過去の経験の蓄積から新しい洞察がつちかわれる。ブレイクスルーを成し遂げた発明家は、既成概念にとらわれない人ではなく、既存のものであれ、そこからはみ出したものであれ、まずはパターンを見出すことを知っている。発明家はあらゆることに目を配り、応用したり発展させたりできるパターンを探し出そうとしている。新しい解決策を生むパターン認識の鍵は、すでに機能しているものに着眼し、その仕組みを学んで応用するか、新しい形を完成させることにある。

　ここでは、発明は、生来の特別な能力ではないという前提に立っている。

筆者は、ここでいうパターン認識は、市川亀久彌の「等価交換理論」がこれに近いと考える。等価変換理論とは、二つの事象を比べてみたときに、それが互いに異なった事象であっても、ある一定の観点でみれば、同じ事象として認定できるということである。つまり、創造とは等価関係の応用によって達成されるという考え方である。一例を挙げると高性能水管ボイラーの発明は、人体をめぐる血液循環モデル、一般化すると「流体循環」を等価変換して発想されたものである（等価変換創造学会編、2005）という。

（H4）チャンスを引き寄せる

「偶然は誰に起こっているのだろうか。偶然は準備のできている者だけに訪れる」。ルイ・パスツールの名言である。発明家はみずからの力で幸運を招いているようにみえる。プランケットのテフロン、スペンサーの電子レンジ、ド・メストラルの面ファスナー、シュラッターのアスパルテーム、ノーベルのダイナマイトもふいに訪れた出来事に周到に対応している。偶然を装った、またとない機会である。

セレンディピティ、チャンス、幸運と不運、アクシデント、偶然の重なり、これらはいつとはなくやってくる。成功の秘訣は、こうした気まぐれな出来事に深い意味を見出して最大限に活用し、それを自分の手で好機に変えてしまうことである。

筆者は、日常の何気ない出来事を見逃さない洞察力が必要であることを示唆したものととらえている。セレンディピティについては、次の節で詳しく説明する。

（H5）境界を横断する

発明家はスキルや過去の経験の範囲にとどまらず、絶えず新しい分野に新しい可能性を広げなければいけない。二つの産業、二つの知識分野、二つの世界をまたぐチャンスを嗅ぎ付けてそれまで別のものとして扱われていた概念を結びつける。発見と発明の多くは観察と経験を通じて新しいパターンに目をとめたときにひらめくものだが、そのパターンはしばしば分野の交差し

たところに形づくられる。発明とは分野をまたぐというよりも、分野を超えることである。関連する分野を横断するだけでなく、分野を超越しようとする努力こそが発明である。

筆者は、組み合わせることにより思いがけない相乗効果や、これまでにない新規なものができるという主張であると理解する。シュンペータのイノベーションの理論の「新結合」にやや似たところがある。

(H6) 障害を見極める

素晴らしい可能性を創出し、早急に解決すべき問題を正しく突き止めても、問題解決への正しい道を知っているとは限らない。そもそも正しい道があるかどうかさえわからないこともある。ライト兄弟は、飛行を成功させるため数々の方法を試みたとされるのは間違いで、飛行理論を学び風洞をつくって詳細なシミュレーションをしたのち飛行を成功させた。成功の要因は、他の研究者が見落とした障害を正確に見極め、その解決に重点的に力を注いだからである。他の研究者は、動力に気をとられていたが、ライト兄弟は制御とバランスを維持する効果的な方法を考えた。つまり問題をとらえ直したことにより飛行できた。

筆者は先述の「問題をつきとめる」と近い要素であると考える。さらに、さまざまな実験や思考で「課題を見極めること」と表現している。

(H7) アナロジーを応用する

問題の解決に、過去の類似した経験や知識を利用するのがアナロジーの応用である。発明家はこの対応づけが得意だが、パターン認識ができれば誰にでもできる。見慣れたものから新しい発明を構想する。いいかえれば、アナロジーは解決策を提示している。適切なアナロジーを見出すには、その前に問題の本質を見極める必要がある。役立つアナロジーを見出すものは子ども時代から育まれる発想力である。生物のアナロジーは数多く利用されている。

アナロジーの応用は誰にでも実行できる。類推する能力は人間と動物を分ける高次の認知的道具の一つである。アナロジーの利用と、そこから多くの

第 5 章　工業高校モデルと既存の理論との比較

アイデアが生まれるパターンを理解できれば、いつでも繰り返し実行できる。アナロジーはとても役立つ道具である。思いつきさえすればあとはほんの少し手を加えるだけで、発明はできたも同然である。

　シュワルツのこの点は、発想は、誰にでもできるという立場である。この主張は発明をテーマとしたほとんどの書物で主張されており、筆者もこれを支持する。その方法として、アナロジー（類推）が有効であると述べられている。これは前述の「等価変換」に準ずる。

（H8）完成図を視覚化する

　「想像力は知識よりも大切だ」。アインシュタイン。
　「言葉にする思考の前にイメージによる思考がある」。イマヌエル・カント。
　人間の知的能力のうち、十分に活用されていない最たるものは視覚化の能力であろう。視覚化は独創性を育てる。あるものを頭のなかに描いて改良を加えていくには、まずそれを具体的に理解しなくてはならない。教育の場では事実や数字や公式を暗記する学習が中心になっているが、それでは発想力は生まれない。教師が数式から始めるのは教えやすいしある程度の要点はおさえられるからである。しかし、方程式は実体を表す一つの方法であって、実態ではない。
　多くの場合、これは視覚化できれば理解できる。
　シュワルツのこのポイントは、イメージを可視化することで、思考のスピードが格段に上がるということである（西村、2010）。イメージを可視化するとは、五感を利用することにほかならない。頭のなかにあるイメージを視覚化すれば、自身の理解も深まりやすいだけでなく、他人に伝えるならなおさらである。筆者は、思考自体が視覚と同様に、一点に焦点を当てれば、他の点がぼやけてしまうものであると考えている。それゆえ、図示化することで全体像が鮮明に把握しやすくなる。このことは、誰でも自身で実感できる。

（H9）失敗を糧にする

　どんな失敗も無駄にならない。失敗の原因を学ばずに努力を続けても、ま

た、失敗を繰り返すだけである。忍耐強さと並んで求められるのは、失敗を糧にすることである。失敗は前に進むための原動力になる。失敗を奨励することは、できるだけ多くのアイデアを引き出し、できるだけ早く試して、よくないものをふるい落とし、勝ち残ったよいアイデアを手にすることである。

　失敗から得られる知識は、重要である。あるフェーズで、成功する要因は一つか二つくらいであろうが、失敗する要因は多数ある。筆者は、失敗を、繰り返すことにより多数の失敗要因を知識化することができるという意味において、重要であると考える。

(H10) アイデアを積み重ねる

　問題というものは、一つ解決すれば、また次が生じるものである。だとすれば、発明はそのたびごとにアイデアを発展させたり、新しく生じた思わぬ問題を解決したりするチャンスになる。すばらしいひらめきも、それ一つだけではブレイクスルーや変革の引き金になるには不十分である。しかし、一つひらめいた人なら、そのアイデアの価値を高めるアイデアをもう一つ考えられるに違いない。また、アイデアを誰かにぶつけてみると、相手がそれをふくらませたり、意外な実行方法を考えついたりすることもあるだろう。このようにアイデアや発明が積み重ねられていくとき、そこには大きな相乗効果がはたらく。

　筆者は、基本的には、ブレインストーミングの考え方に似ていると考える。

(H11) システムとして考える

　アイデアがどんなに優れていても、できあがったものがどんなに素晴らしくても、その発明が生き残るか消え去るかは、他の技術とどれだけ調和し、社会環境にどれだけ溶け込めるかにかかっている。世の中はシステムから成り立っている。沢山の構成要素と関連する発明を一つにまとめているのがシステムである。だから、もっとも素晴らしい発明はシステムである。エジソンの発明は、白熱電球を最終目的にせず、そこを始まりとしてさらに大規模な発電設備と都市から都市へのビル送電設備が必要になるのを見越していた。

つまりシステムの見地から発明を考えた。よってエジソンの発明は「電灯による照明と電力のシステム」である。

同じく、アップルは「アイチューンズ・ストア」で楽曲を販売し、音楽再生ソフト「アイチューン」を無料で配布し、1万曲以上を保存できる携帯用デジタルプレーヤーの「アイポッド」を販売した。このシステムの発明は消費者の行動パターンの変化にうまくあっていたため、大ヒットした。

筆者は、この点は、孤立した技術ではだめということと定式化する。携帯電話は、利用可能範囲が狭ければ売れないということ。インターネットでさえも、はじめはWebサイトが少なく、電話回線が脆弱で、しばらくは低迷した。これは現在では必然的なポイントであるが、大手メーカーでも見落とすことがある。日本のメーカーが販売したMP3プレイヤーがその失敗例である。

（3）工業高校モデルとの比較

「延岡の製品開発の4フェーズ」モデルを、「工業高校」モデル、「発明家」モデルにおけるそれぞれの製品開発スキームに重ね合わせると

　　①製品企画は「問題提起」
　　②設計開発は「課題設定」・「アイデア発想」
　　③試験・テスト・解析は「プロトタイプ製作」・「試験・評価」
　　④製品完成は作業の終了

にそれぞれ対応するということになる。

それぞれ、実践時期も主体の規模も一様ではなく、それぞれの製品開発スキームを同列に扱うことは抵抗があるが、製品開発の基本的な流れに当てはめ、それぞれのフェーズでのポイントに焦点を絞れば比較は可能である。このフェーズに従い、ファクターを比較した。

【「問題提起」のポイント】
- 工業高校
  - （K1）目的の明確化と共有（何のために、何をするのか）
  - （K4）収集された情報と実験の共有（インターネットなどで基本知識を収集）
  - （K5）フィールドワークによる問題の把握（観察から洞察へ）

- 発明家
  - （H1）可能性を創出する（もっとよいものにできる）
  - （H2）問題をつきとめる（他人が気づかなかった問題や、大きな問題の一部に解決の見込みを発見する）
  - （H4）チャンスを引き寄せる（偶然の出来事に深い意味を見出して活用する）

  発明家モデルでは観念論は示されているが、具体論は示されていない。

【「課題設定」のポイント】
- 工業高校モデル
  - （K6）拡散ではなく「困難の分解」（問題をブレインストーミングで分解して単純化→解決しやすい）

- 発明家モデル
  - （H6）障害を見極める（問題を正確に見極め、とらえ直す）
  - （H8）完成図を視覚化する（問題やアイデアを図や形に表して可視化する）

　「問題提起」のポイントと重なる部分があるが、ポイントである以上、それには仕方がない面もある。発明家モデルでは可視化を挙げている。工業高校モデルにおいては、一般的に用いられる拡散的な積み上げのアイデア発想の前に、問題の分解という、いわば逆転の発想による困難の分解をおこなうことが特徴的である。発明家モデルも障害を見極めるという点では同じであ

第5章　工業高校モデルと既存の理論との比較

るが、具体的な方法は示されていない。

【「アイデア発想」のポイント】

- **工業高校モデル**
  - （K6）拡散ではなく「困難の分解」（問題をブレインストーミングで分解して単純化→解決）
  - （K7）いつでもどこでもブレインストーミング
  - （K8）あるもの、できることを駆使して、ラピッド・プロトタイプを製作する（現物をつくりながら考える）

- **発明家モデル**
  - （H3）パターンを認識する（既存の仕組みのパターンを応用するか、新しい形にする）
  - （H5）境界を横断する（異種の産業、異種の知識分野、異種の世界を超越した概念）
  - （H7）アナロジーを応用する（過去の類似した経験や知識を利用してアイデアを創発する）
  - （H8）完成図を視覚化する（問題やアイデアを図や形に表して可視化する）
  - （H9）失敗を糧にする（失敗の原因から学ぶことは多くあるため、奨励すべきことである）
  - （H10）アイデアを積み重ねる（問題は解決と発生を繰り返す。それを積み重ねれば大きな相乗効果となる）
  - （H11）システムとして考える（よいものを発明しても、既存の技術や社会環境に溶け込めなければ消えてしまう。全体のシステムとして発明する）

アイデア発想は、製品開発の根幹である。発明家モデルはパターンやアナロジーといった、発見に重きをおいている。工業高校モデルでは「困難の分解」のブレインストーミングをアイデア発想でも活用する。これは原因の究

明ともいえるが、アイデア出しにおいてブレイクスルーのハードルを下げるための手法である。また、プロトタイプをつくりながら考える、つまり頭脳だけでなく、五感で考えるということに重きをおく。

【「プロトタイプ製作」のポイント】

・工業高校モデル

（K8）あるもの、できることを駆使して、ラピッド・プロトタイプを製作する（現物をつくりながら考える）

（K10）役割の固定（得意をつくる）

・発明家モデル

（H8）完成図を視覚化する（問題やアイデアを図や形に表して可視化する）

（H9）失敗を糧にする（失敗の原因から学ぶことは多くあるため、奨励すべきことである）

プロトタイプ製作の効果と重要性は、両者とも認めている。ここでいうプロトタイプとはラピッド・プロトタイプといわれる、いわゆる即席のものである。大手企業における20世紀のプロトタイプといえば、限りなく完成に近い製品であったが、ラピッド・プロトタイプは、手持ちの材料で取り急ぎ製作した、完成度でいえば50％にも満たないようなものである。最大のメリットは時間や予算をかけず、開発の早い段階で問題を顕在化し、多くの知見を得られることである。

工業高校モデルでは、前提としてチームであるので、それぞれの役割を固定することにより、技術面や組織面での優位性を主張するが、発明家モデルの観点はあくまで発明家個人であるので、この点では比較できない。

【「試験・評価」のポイント】

ラピッド・プロトタイプを製作後、試験・評価を繰り返し、数多く失敗してはさらなる改良を加えるという流れのなかで、両者とも、とくにポイント

は示されていないが、実物（プロトタイプ）をつくることは、五感で感じることができ、図面や文書だけの表現よりもはるかに多い情報を得ることができる。ここで、狙い通りの効果を得ることは最終目標ではあるが、失敗の経験を繰り返し得ることにより、より製品の完成度を高めることにつながる。

　以上、シュワルツの発明家モデルと、筆者の工業高校モデルとの比較においては、主体は個人かチームかという違いがあったが、基本的には相反するものではない。アイデア発想のポイントでは、発明家モデルは発見を重視するのに対し、工業高校モデルでは、ブレイクスルーのハードルを下げる、「困難の分解」を重視するという違いが明確になった。

5．チームを中心とした製品開発スキーム──IDEO モデル

（1）デザイン思考の概念

　「デザイン思考」は、アメリカのコンサルティング・ファーム、IDEO（アイディオ）社が自社のアプローチを概念化したものである。「デザイン思考」とは、人間を中心に考えたデザインにもとづき、革新的なものをつくり上げるための手法である。

　デザイン思考は「デザイン」という言葉を含むが、いわゆるものの形状を変えることにより見栄えをよくして売れ行きに貢献するというような、いわば美術的なものではない。むしろ狭義の「デザイン」以外において発想のアプローチをする手法である。デザイナーがデザインをするとき、どのように考えどう判断しているのかということについて、デザイン思考はブラックボックスとされていたデザイナーの思考過程を汎用的に手法化したものである（奥出、2007）。

　デザインとエンジニアリング（工学）の歴史的な変遷から考えてみる。もともとエンジニアリングは、産業革命によって発展してきた概念である。それ以前はデザインと製品製造という意味でのエンジニアリングが分離していたとはいえない。製品は手工芸的な生産方法で製造され、量産というような概念もなかったであろう。日常的に使われる民芸品はもとより、服飾や家具、

金工細工まで一人の職人が設計や意匠も含めてものづくりをおこなっていた。それが蒸気機関の発明により、製造工程が工業化され効率を求める生産方式が加速度的に発展していったといえる。

このように工業化や機械化が進むと、これまで手工芸的につくられていた家具や繊維製品は大量かつ効率的な生産が可能になり、これまでより安価な製品が世の中に放出され産業として発展していった。しかし、一つ一つの製品を芸術的に美しく仕上げるというようなことよりも、いかに効率的に数多く生産できるかに注意が向けられたため、19世紀中頃には工業製品のあり方を問い直す機運が高まり、欧米各地でデザイン学校が設立されたという。

その後、デザインと技術の確立までには相当な時間がかかった。20世紀に入るとアメリカが自動車や消費財のデザイン性を重視するようになり、ゼネラルモーターズ（GM）がデザイン部門を設置し、自動車にデザインを持ち込んだ。これ以降、21世紀になるまでデザインと設計製造は分離され、今日のようなデザインの一般的な概念を形づくるに至った。つまり、デザインはある製品の形に見た目の美しさを加えて価値創造するという概念のもとになったといえる。

かつて、20世紀に成立した大量生産工場では、生産ラインに投入される原材料で製品を生み出し、それが販売されることによって利益を得た。つまり、「売上」－「原価」＝「利益（付加価値）」という構図であった。製品（モノ）が経済的価値の中心であったといえる。ここでは、製品（モノ）の付加価値を上げるため、生産活動にデザイン情報を加え、売上を伸ばし、利益を増す構造である。つまりデザインは生産システムの一部であり、いわば製品価値の一部である。

一方、21世紀に入り、先進諸国における人々の暮らしにはモノが満たされ、高機能で低価格な製品をつくれば、単純に売れるという時代ではなくなった。つまりモノ以外の付加価値を創出しなければ売れなくなったのである。

そのなかで「モノからコトへ」といわれるように製品としての価値よりも、経験としての価値が顧客価値に反映されることが理解されてきた。つまり、高機能で完成度の高い工業製品より、シンプルで手づくり感のある製品のほ

第5章　工業高校モデルと既存の理論との比較

工業デザイン＝付加価値を高める

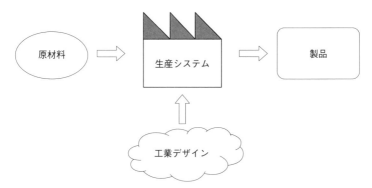

図 5-5　20 世紀における付加価値生産モデルのイメージ（筆者作成）

うが好まれることに違和感を覚えなくなった。

　この価値を実現するには、従前の生産活動に意匠的なデザインを付加するだけでは実現できない。それは製品やサービス、それを使用する人の体験までもコーディネートするような価値を創出しなければならない。そこでは製品を提供する企業のイメージや開発の経緯まで、ストーリーという価値に変換される。

　これにより、徐々に企業はデザインを企業の価値実現のための一貫したプロセスとしてとらえるようになってきた。つまり原料＋デザイン＝付加価値という単純なモデルではなくなった。人間の感覚全体を表す五感に訴えかけるような製品の提供、もっといえば、第六感までも訴求するような経験を提供する価値創造が求められている。

　この方法として、21 世紀に入り「デザイン思考」という概念が注目を浴びているのである。しかし、デザイン思考は新しい知識創造の方法ではない。むしろ効率化を追い求めた工業化社会以前の、あるいは小規模事業による手づくりに近いモノづくりでは必然的な方法である。

　例えば既製品が登場する以前の服飾店では、顧客が店主とともにできあがりを想定しながら生地やデザインを選定し、店主が顧客の要望を具現化する作業が縫製だった。今でいうオーダーメイドである。無論、既製品が登場す

167

るまではオーダーメイドという概念は存在しなかったであろう。

　こうみるとオーダーメイドはデザイン思考であり、昔から存在したビジネスモデルである。それが量産化、低コスト化により一時代は需要が激減したが、現在も残り、その価値は再評価されている。つまり、デザイン思考は従前から存在した「暗黙知」であり、それが21世紀に再発見されて「形式知」になったといえるのではないだろうか。いわば野中郁次郎らの主張する知識構造の一般原理である「SECIモデル」に通ずるといえる（野中・紺野、2003）。

　デザイン思考は、21世紀前後にアメリカで評価され、その後、日本でもデザイン思考に関する多くの書籍が出版された（奥出、2007；2012；紺野、2010；佐宗、2015）。とくにここ1、2年、出版数が際立っていることから、21世紀のイノベーション創出の手法としてビジネス分野に限らず注目を集めている。

　以下、実際に、デザイン思考の概念による製品開発プロセスを検証する。多くの文献で紹介されているようにデザイン思考はおおむね五つのフェーズに分かれている。

観察・共感的理解

　共感のフェーズは、実際のユーザーをみつけて、観察することから始まる。自分自身がユーザーになって客観視する場合もある。文化人類学で使用される「エスノグラフィー」と呼ばれる観察法が有名である。まずはその場に同化して細かく観察する。引っ掛かりや疑問点を感じ取る。そして事細かく記録を付ける。

課題発掘・問題定義

　問題を解決するよりも、適切な課題をみつけ出すほうが重要であることが多い。顧客やユーザー自身が気づいていないような潜在的な目的や課題の把握に努める。理由や原因を解読することにより、解決すべき本質的な課題が明らかになる。

第5章　工業高校モデルと既存の理論との比較

発想

　顕在化した課題を解決するアイデアを発想する。主にブレインストーミングという手法が使われる。この段階では、質より量を重視し、稚拙なアイデアや滑稽なアイデアでも否定せず、量を得ることを重視する。量を出すことによって、結果的に質のよいアイデアも出現する。一人の体験や経験値だけでは、限界が出てくる。そのため、多種多様なメンバーを集め多様な視点でアイデアを出すとともに、それぞれのアイデアに上乗せするようなアイデアを出すことも奨励する。他者の突拍子もないアイデアに触発され、自分のなかに眠っていた思いも寄らないアイデアが引き出される可能性がある。

　アイデアが出尽くしたあとは、KJ法などを利用してグルーピングと概念化を試みる。いわゆるアイデアを収束する過程である。

試作・プロトタイピング

　まとまったアイデアを検証するために、素早く手間をかけず、試作をおこなう過程である。素材や詳細な部分にこだわらず、使用場面を想像して直観的に判断できる程度の試作品を製作する。ラピッド・プロトタイピング（rapid prototyping）と呼ばれる。ここでは、精度や見た目の美しさは追求しない。素早くつくり、根幹となるアイデアが有効なのか、問題が残っているのかを検証することが必要最低限である。

　また、この段階での失敗は奨励すべき事柄である。実際に製品が生産されてから問題がみつかってしまうと費用や時間の大きな損失が発生するが、試作の段階でみつかった問題は極小のコストで修正が容易である。

検証・テスト

　試作したものを、実際に対象となるユーザーに試用してもらい、その様子を観察したり、意見を聞いたりする。

　被験者にはバイアスがかかり、得てしてよい意見を言いがちであるが、あえて苦言を呈してもらうなど調査にも工夫が必要である。「実際のその商品やサービスにいくらお金を払ってもいいのか」というような質問により真価

を問う。さらに最初のアイデアにこだわることなく、ユーザーの意見をもとに、小さな軌道修正を繰り返すことが製品やサービスのクオリティを高めることにつながる。

　また、はじめからユーザーテストをおこなうのではなく、開発の初期の段階では簡単なプロトタイプをメンバーで検証する。大きな問題は初期に起こることが多く、少数の人間である程度の検証は可能である。これを繰り返し、品質が高まってくればユーザーの数を増やして検証する。そのほうが無駄なコストと時間を省くことができる。

　以上が、デザイン思考の基本パターンである。デザイン思考はデザイナーの思考過程を汎用的に手法化したものであるが、個人で実践するよりも少人数のチームで実践される。これは組織間連携や国際・学際連携など、異なる背景をもつ個人・集団・組織間での共創は、新たな知の結合、すなわち、イノベーションを促進するとされるからである。

　実際に松前あかねらがおこなった、デザイン思考を活用した日韓の学生らによる学際的イノベーション共創の取り組みにおいても、効果があったと報告されている（松前ほか、2015）。

　また、奥出直人の提案する「創造の方法」は、集まったチームメンバーの個々人のビジョンと哲学を論じるところから始まる（奥出、2007）。創造的な活動をするためには、哲学とビジョンを、プロジェクトをおこなうチーム全員でつくり、それを共有することが大切なポイントであると述べている。湯沢雅人も、社会において複数の人間が関与する、いかなる共同作業においても例外なく、生産性が高くアイデア創出にも秀でた個人がいくら頑張っても、作業全体として最大のパフォーマンスを出せるとは限らないと述べる（湯沢、2008）。あるいは逆に、いかに効率的で、無駄がない作業フローの手順をつくったとしても、各々のパートを受けもつ個人の創造性が低くては、アウトプットの質的向上は期待できないとしている。

　これらの意見を総合すると、デザイン思考による創発活動では、個々人が対等な立場で協働することが効果的であるということになろう。

第5章　工業高校モデルと既存の理論との比較

　これまでみてきた一連の流れは、日本を含む先進諸国における工業化社会からのパラダイムシフトといえる。社会の情報化・グローバル化が、市場のニーズの多様化、サイクルの短期化、生産のモジュール化を加速した結果、従来の高品質・製造コストの低下を追求する戦略では通用しなくなった。そこで注目を集めるようになったのがデザイン思考（Design Thinking）である。デザイン思考はイノベーションを起こす一つの有効な手段と考えられている。

（2）チームにおける製品開発のポイント

　IDEO（アイディオ）は、1991年に三つの既存デザイン・ファームの合併によって創設された、アメリカ合衆国カリフォルニア州パロアルトに本拠をおくデザイン・コンサルティング会社である。上述したように「デザイン思考」のアプローチを実践し、概念化した会社である。

　創業者デビット・ケリー（David Kelly）の弟で、ゼネラルマネージャーであるトム・ケリー（Tom Kelley）が『発想する会社（*The Art of Innovation*）』という本に、これまでの実践をもとにその方法を記している（ケリー、2002）。トムは一貫して、個人ではなくチームでのプロジェクトが成功を生むと主張する。「本当に独創的な人間は極めてまれにしか出てこないと考える傾向がある。しかし、誰もが独創的な部分を持っており、それを刺激するような社風をつくり出せば、その部分は開花する」とし、「素晴らしいプロジェクトと製品は、素晴らしいチームから生まれる。個人としてものを考える人はいいプロジェクトは生まない」と主張する。以上から、IDEOによる製品開発はチームによる製品開発であるといえる。

　トム・ケリーによれば、この本は、IDEOが多くの企業の何千ものプロジェクトの現場で学んできたクリエイティブな手法を示したものだという。この書からIDEOの製品開発の哲学ともいうべきスキームを抽出しよう。なお、トム・ケリーは、製品開発の成功のかたちとして「イノベーション」という用語を使用している。この書は多くの研究者に分析され、「デザイン思考」の理論のもとになった。研究者により切り口や解釈が異なるため、奥出直人や、紺野登らの理解を参考にしながら要点をまとめてみたい（奥出、2007；紺

野、2010)。

(11) イノベーションはみることから始まる

イノベーションを可能にするには、観察から得られた洞察が必要である。現場に足を運び、人が本来、どのように振る舞うかを見抜くことである。本来の環境のなかで人間を観察し、その振る舞いの微妙な意味を探るだけではなく、動機と感情についても推測することにより、製品およびサービスとの相互作用から生じる人間の潜在的な心理が明らかになる。名詞でなく動詞で考える。例えば「携帯電話」でなく「携帯電話をかける」という行為を対象とした観察が有効である。つまり実際に使用している現場を注意深く観察すると、予想していなかった問題点、あるいは機会がみつかる。

観察や体験から洞察し、顧客の潜在的なニーズを突き止めることが重要であることは、工業高校においても、発明家個人においても変わりない。

(12) IDEO流ブレインストーミング

時間は60分、長くても90分までにする。それ以上は身体的・精神的エネルギーが持続させられない。プロジェクトの初期であればアイデアを「どんなものでも制限なく」出す機会であり、プロジェクトの進行中なら注意を要する問題を解決する機会になる。ブレストがうまくいくと高揚感が生まれる。素晴らしいブレインスーミングをすれば実現できるという気分が盛り上がる。予期せぬ状況が発生しても、グループなら椅子をもって一番近い机に集まり、たった15分か30分くらいのミニ・ブレインストーミングを開いて新しい発想をみつけ出すのである。

ブレインストーミングは、アイデア発想法としてオーソドックスである。工業高校でも数多く実施する。

(13) 情熱的なチームをつくる

活気あるプロジェクト・チームは、明快な目的と厳しいデッドライン(期限)のもとに結成される。情熱的なチームは、目的と個性によって活気づけ

られる。クリエイティブなチームにやる気を起こさせるのは、具体的な目標である。思い立ったらすぐ実行する。行動に制限を設けない。プロジェクトは、情熱的なチームの献身的な努力と熱意で成果をあげる。チームは物理的にも密な関係であるほうがよい。企業内にクラブをつくり、日常から抜け出し、支えあい、競いあい、友情をつちかうというような仕掛けも必要である。

　IDEOの特徴的なチーム編成は、リーダーを数人決めて、どこのメンバーになるかは社員が自分で決める制度をつくった。1チームは10名から30名くらいである。

　この点は、筆者の経験でも、工業高校のチーム運営とよく似ている。

(14) プロトタイプ製作はイノベーションの近道

　プロトタイプの製作は、問題を解決する方法である。短時間のプロトタイプ製作とは、答えを得る前に行動し、とりあえずやってみるということである。多少の失敗をしても、次にそれを正せばよい。図面を引いたり何かをつくり始めたりすれば、思いがけない発見、また何かを新たに発見する可能性が開けてくる。

　プロトタイプは相手を動かし、気持ちを動かして、新しいアイデアを受け入れてもらいやすくする。あるいは費用のかかる複雑な機能を切り捨てるといった難しい選択をするときにも効果的である。

　質のよい優れたプロトタイプは説得力を高める。大切なことはアイデアをすばやく、そして安く、ものの形で表すことである。

　この点は、筆者の経験では、つくりながら考えるということである。アイデアが固まらないうちに制作に入ることは失敗作品を増やし一見非効率にみえるが、プロジェクトの早い段階でミスに気づくことができ、結果として効率がよいことがわかる。

(15) 創造の場をつくる

　イノベーションを生むオフィス。競争力のある企業はどこも、一流の才能にはそれに見合う高い給料を支払わなければならないことを知っている。そ

の才能ある人たちが仕事をするスペースをつくり出すことに同じだけの注意を払うのは当然である。アスリートには適当な施設が必要なように、働く人間も同じである。いたるところに快適な空間を用意する。

オフィスには、できれば現在進行中の技術や、現在に近い成果をディスプレイする。これにより社員のモチベーションを高める。革命的な企業になって成功するには、申し分のない人材を雇い、最高のテクノロジーを買うだけでは足りない。スペースを重要な問題として取り上げる企業文化をつくらなければならない。

この項目は、チームの雰囲気づくりと、メンバーのモチベーションを高めることの重要性について指摘している。

（16）予想外のことを予想する

洞察を得るチャンスは、思いがけないところからやってくる。発明や発見は、予想もしていなかった偶然の出来事や経験の結果として生じることが多い。できるだけ既成概念を払拭して、まったく違う分野の見方でものをみることである。一つの用途につくられた製品をどんなふうに別の用途に応用できるかについてよく考える。

「アイデアの種まきの七つのヒント」
　①雑誌の購読とネットサーフィンでつねに情報収集する
　②映画監督の視点で、観察の達人になる
　③定期的に一般公開日を設けて、会社がもっとも得意とする分野を公開する
　④さまざまな主張に耳を傾ける
　⑤アウトサイダー（主流から少し外れた人）を雇う
　⑥違う人間になってみる
　⑦２職種以上の仕事ができるように訓練する（あるいは召集する）

このヒントは、既成概念にとらわれず、いかに気づきを得るかということ

である。また、発想の転換や新しい使用法の発想が重要であるということである。

(17) 障壁を乗り越える
　イノベーションの最大の障壁は企業の考え方である。本当によい障壁の越え方は突破ではなく、よけることである場合が多い。根づいた習慣のもっともよい部分を壊さないことが成功につながることもよくある。まわり道がないときは、革新と習慣を調和させる努力によって乗り越えられることも多い。
　本当に優れたデザインとは、人と出会うようなもの、扉を開くようなものである。デザイナーは「アフォーダンス」と呼ぶ。つまり「習慣化した行為を誘発する刺激」といえる。
　慣例や伝統に挑むときは、製品やサービスに、伝統と改革を渡る橋をかけることがヒットにつながる。
　この点は、習慣や風習、常識の壁を打ち砕くよりも、回り道を探したり、融合したりするほうが結果は出やすいということである。

(18) 楽しい経験をつくり出す
　店舗をつくるとき、目標は店舗をより素敵にすることではない。買い物という経験をよりすばらしいものにすることである。つまり、イノベーションのステップを踏んでいくときは、名詞ではなく、動詞で考えることである。世の中にある革新的な会社や強力なブランドは「経験」という言葉につながっている。顧客に経験を提供できているかどうかが重要である。とても小さい装置やサービスが、うまく考えられた価値ある経験を生み出すこともある。自分の足で歩いて、経験がどんなふうに企画され提供されているのかを探り、自分自身の目でみて味わわなければならない。
　興奮を生み出す機会はいつでも多くある。それは、何をつくるとか、あるいは何を売るとかは関係がない。モノを売るということは、潜在的なクライアントや顧客のために経験を企画することでもある。
　この点は、「モノからコトへ」といわれるが、物品としての付加価値には

限界がある。その製品を使うことによって得られる経験の価値を高めよということである。

(1-9) スピーディなイノベーション
　素早いプロトタイプ製作の価値は、机上の計算より大きいといえる。
　イノベーションは無からは起こらない。既存の製品の改良点をみつけたり、純粋に新しい製品を考え出したりすることが素早くできるほど、市場で成功する可能性もそれだけ高くなる。そして、イノベーションの道が直線であることはめったにない。イノベーションのもつ楽しくてスピーディな面を強化すべきである。
　この点の意味は、机上の論理を高めるより、アイデアを素早く形にして検討するほうが効率的である。無から有は生まれない。既存の製品をコラボすることや、創造的な使い方を想像してみる。

(1-10) 枠をはみ出す
　失うかもしれないもの、市場シェア、収入、肩書、ステータス、仕事について考えてしまうと、まず飛躍はできない。そのため大きなアイデアが生まれるのは、概して小さな会社から、あるいは小さな会社のように行動しようとする大きな企業からである。
　肩書やルールが、精神的にも物理的にもチームと個人の間に障害を生み出す。メンバーが自発的に動く（はみ出す）余地を与えることも必要である。ルールを破ることには思いがけない発見がある。イノベーションは、レポートを書かせたり、商品のモニターに意見を聞いて調査をしたりすることによって湧いてくるものではない。重要なのは、従来通りの正統な方法でない、新鮮なアプローチである。
　イノベーションは冒険である。むしろ反対されるようなことにチャンスがある。既存のスタイルを打ち破る取り組みにチャレンジするということである。

第5章　工業高校モデルと既存の理論との比較

(I 11) シンプルで使いやすく

　機能を詰め込みすぎることは、製品やサービスの開発および洗練の過程でいつでも起こりうる。これはイノベーションの障害になる。デザインはシンプルで使いやすく。また、デザインするときにもっとも注意を払う必要があるのは、その製品のなかでもっとも手が触れるところである。具体的に注意すべき点は、使いやすさ、わかりやすさ、愛着、色のインスピレーション、動きの可視化、直感的な使用方法、ユーザーのミスを許容する、安全、安心、既存のモノとの互換性、気の利いたアクセサリーや小さな機能である。

　一昔前の家電製品は、多機能で、一般ユーザーは、ほとんど使いこなせていなかった。それよりもシンプルな必要最小限の設計がよい。また、開発段階からプロトタイプに色を付けてイメージを確立することも重要である。可視化や安心安全への配慮、ときには小さな気配りが製品の価値を高めることもある。

(I 12) 未来を生きる

　近い未来は、予測できる。一つの産業の現在の技術水準と、まもなく到達する水準を知れば、自分が選択した分野で飛躍することができる。先進的なロボット工学や主要な大学の最新の研究を勉強すれば、従来の開発ができる。しかし、より安く、より早く、よりシンプルなアプローチのほうが優れている。

　人の能力を高める（アシスト）製品、高齢者が30代の気分になれるような製品、例えばアシスト自転車などである。情報を得る観察と、そこから真実を探り出す洞察力、さらに正しい情報を得られる場所をみつけて、そこに行くことである。

　1年、2年、先の社会の様子は、おおむね予想がつく。どのようなものをつくればいいかアイデアを出しあい、いち早く製作して市場に出せば可能性はある。そのためには情報収集の場も大事である。

177

(I 13) 完璧なスイングを身につける

　イノベーションの成功とは、ゴルフの完璧なスイングのようなものである。基本的ないくつかの動作を、すべて同時にやること。一つ一つは簡単な動作でも、同時にやることが難しい。

　市場、顧客、製品を観察する。ブレインストーミングを何度も繰り返して、山のようにプロトタイプをつくる。イノベーションの真のスピリットは真剣に楽しむことである。

　イノベーションは、基本の手法を、忠実に繰り返し訓練することで可能となる。

　以上、トム・ケリーによって記されたIDEOのイノベーション（製品開発）における13の手法をみてきた。トム・ケリーはこれら13の手法をさらにシンプルな五つのフェーズにまとめている。

　①理解
　　　市場、クライアント、テクノロジー、問題点について認識されている制約事項を理解すること。
　②観察
　　　現場の人々を観察し、なぜそうするかをみつけ出す。人は何ゆえに混乱し、何を好み、何を嫌うのか、現在のサービスで扱われていない隠れたニーズがどこにあるかを察知する。
　③視覚化
　　　まったく新しいコンセプトと、それを使う顧客の姿を目にみえる形で描き出す。それにくわえて、模型とプロトタイプをつくる。
　④評価とブラッシュアップ
　　　短時間にいくつものプロトタイプをつくり、それを繰り返し評価し、練り上げていく。プロジェクトと関係ない知識をもつ人や、ターゲットとする市場を形成する人々から意見を聞く。人は何ゆえに混乱し何を好むかに注意を払い、製品を漸次改良していく。

⑤実現

　新しいコンセプトを市場に出すために、現実のものにする。

　本章「5．(1) デザイン思考の概念」で示したものと重なるが、「発想」「試作とプロトタイピング」「検証・テスト」のフェーズが、ここでは「視覚化」と「評価とブラッシュアップ」の二つに分類されている。だが、中身をみれば内容は同じであることが理解できるだろう。ケリーの「実現」は、製品開発の発展である、イノベーションを起こすというところまでを包含しているため表出されたものと考えられる。

（3）工業高校モデルとの比較

　発明家モデルと工業高校モデルを比較したように、ケリーによるIDEOのモデルと工業高校モデルを比較する。

【「問題提起」のポイント】
- 工業高校モデル
  （K1）目的の明確化と共有（何のために、何をするのか）
  （K4）収集された情報と実験の共有（インターネットなどで基本知識の収集）
  （K5）フィールドワークによる問題の把握（観察から洞察へ）
- IDEOモデル
  （I1）イノベーションはみることから始まる（行動観察から洞察へ、動きを読み解く）

　以上のように情報を収集して目的や問題を明確化し、観察から洞察を得るというところは同じである。これはデザイン思考で注目されている「エスノグラフィー」の手法であり、現場に行き、体験や観察から洞察を行い、潜在的なニーズを明らかにすることが重要とされる。

【「課題形成」のポイント】
・工業高校モデル
　（K6）拡散ではなく「困難の分解」（問題をブレインストーミングで分解して単純化→解決）
・IDEOモデル
　（I1）イノベーションはみることから始まる（行動観察から洞察へ、動きを読み解く）
　（I5）創造の場をつくる（アイデアが出やすい開かれたリラックスできる場）
　（I11）シンプルで使いやすく（機能を詰め込まず、簡単な操作）
　「問題提起」のポイントと重なるものがあるが、ポイントである以上それには無理もない。とくに顧客やユーザーの生活スタイルにあわせる必要があるということについては、それぞれ同じ志向である。しかし、工業高校モデルにおいては、一般的に用いられる拡散的な積み上げのアイデア発想の前に、問題の分解というとわば逆転の発想による困難の分解をおこなうことが特徴的である。

【「アイデア発想」のポイント】
・工業高校モデル
　（K6）拡散ではなく「困難の分解」（問題をブレインストーミングで分解して単純化→解決）
　（K7）いつでもどこでもブレインストーミング
　（K8）あるもの、できることを駆使して、ラピッド・プロトタイプを製作する（現物をつくりながら考える）
・IDEOモデル
　（I2）IDEO流ブレインストーミング（楽しい雰囲気と盛り上がり）
　（I7）障壁を乗り越える（回り道を探して回避する。障壁と融合させる）
　（I10）枠をはみ出す（常識にとらわれない。決まりを破る）
　アイデア発想は、製品開発の根幹であるが、工業高校モデルとIDEOモデ

ルはチームでの活動が絶対条件であるから、ブレインストーミングは外せない。パターンの応用や開発は、両者に共通にみられる。

【「プロトタイプ製作」のポイント】
・工業高校モデル
　（K8）あるもの、できることを駆使して、ラピッド・プロトタイプを製作する（現物をつくりながら考える）
　（K10）役割の固定化（得意をつくる）
・IDEOモデル
　（I4）プロトタイプ製作はイノベーションの近道（つくりながら考える。つくったものをみて考える）
　（I9）スピーディなイノベーション（とにかくアイデアが浮かんだらすぐに形にする）

　プロトタイプ製作の効果と重要性は、両者とも認めており実施している。ここでいうプロトタイプとはラピッド・プロトタイプといわれる、いわゆる即席のものである。大手企業における20世紀のプロトタイプといえば、限りなく完成に近い製品であったが、ラピッド・プロトタイプは、手持ちの材料で取り急ぎ製作した、完成度でいえば50％もないようなものである。最大のメリットは時間や予算をかけず、開発の早い段階で多くの知見を得られることである。ここでは両者の主張に差異はみられない。

【「試験・評価」のポイント】
　プロトタイプ製作後、このフェーズで試験・評価をおこなう。IDEOモデルでも、とくにポイントは示されていないが、実物（プロトタイプ）をつくることは、五感で感じることができ、二次元や文書だけの表現よりもはるかに多い情報を得ることができる。ここで狙い通りの効果を確認することは重要であるが、失敗の経験を得ることにより、より製品の完成度を高めることにつながる。

【「チームマネジメント」のポイント】
- 工業高校モデル
  - （K2）納期の設定（いつまでにするのか）
  - （K3）自己決定（自発的な意思決定）
  - （K11）メンバーによる相互評価（他のメンバー（作業）を意識させる）
  - （K12）高校生という意識を払拭する（既成概念の払拭、集中を妨げない）
  - （K13）チームの結束を強める（居心地のよい環境が、前向きな姿勢やよい仕事が生まれる）
- IDEOモデル
  - （I3）情熱的なチームをつくる（相互に信頼しあい、自由に発言しあえる。
  - （I8）楽しい経験をつくり出す（モノの価値よりも、顧客体験の価値尾優先）
  - （I12）未来を生きる（近い未来を予想する）
  - （I13）完璧なスイングを身につける（多様な基本的要素をよいタイミングで）

チームの結束を強め、開発を楽しむという点は共通している。工業高校モデルでは、高校という特殊な環境であることから、納期の設定や、メンバー相互の相互評価、高校生という意識の払拭を挙げた。これは、いうなれば擬似的にプロ意識をもたせるということである。IEDOモデルの場合、それは前提条件として考えているからポイントとして特出されないのかもしれない。

6．まとめ

（1）製品開発の流れにおける比較のまとめ

本章「1．（1）製品開発の流れ」で示したように、製品開発の基本的な流れは、①製品企画、②設計開発、③試験・テスト・解析、④製品完成である。延岡健太郎の示した製品開発の実践的なプロセスは、製品企画から製品完成までの直線的な流れであり、従来型の典型的なスキームといえる（延岡の4

フェーズモデル）（延岡、2002）。このスキームは、フェーズは同じであるが、A工業高校における製品開発スキームとは流れ方が異なることを示している。

それに対し、発明家（個人的な開発）に焦点を当てたシュワルツのスキームやIDEO（チームでの開発）に焦点を当てたスキームはA工業高校のスキームと流れが似ていた。

製品開発の四つのフェーズ（「製品完成」のフェーズは除くので実質は三つ）を「工業高校モデル」「発明家モデル」「IDEOモデル」におけるそれぞれの製品開発スキームに重ねあわせると、①製品企画は「問題提起」、②設計開発は「課題形成」「アイデア発想」、③試験・テスト・解析は「プロトタイプ製作」「試験・評価」ということになる。前述の「デザイン思考」は各フェーズで顧客体験を中心として企画・設計から製品の市場投入までを考えるものであり、流れは一方向に直線的ではなく、何度も循環するような経路をたどるものであるが、フェーズとしては同一である。

ここで比較対象となるのは、工業高校モデル、発明家モデル、IDEOモデルにおけるそれぞれの製品開発スキームである。それぞれ実践時期も主体の規模も一様ではなく、それぞれの製品開発スキームを同列に扱うことには抵抗があるが、製品開発の基本的流れに当てはめ、それぞれのフェーズでのポイントに焦点を絞り比較してきた。

その結果、製品開発の流れについては大きな差異はないが、工業高校モデルにおいては「困難の分解」という作業が特筆すべきことであった。発明家モデルやIDEOモデルにしても、ブレイクスルーをもたらすには詳細な分析が必要であるが、ポイントとして挙げられていないのは、当然のこととして、それほど意識していないのかもしれない。

工業高校では、メンバーは高校生であり、知識や技術のレベルは相対的に低い。それゆえ「困難の分解」を意識的におこない、克服すべき課題のレベルを下げブレイクスルーしている。

また、工業高校モデルとIDEOモデルにおいては、チームのつくり方に多数のポイントが示されている。IDEOのゼネラルマネージャーであるトム・ケリーは、「素晴らしいプロジェクトと製品は素晴らしいチームから生まれる。

個人としてものを考える人はいいプロジェクトは生まない」と述べている。たしかに、ベルやエジソンという歴史上の発明家から、現在、ノーベル賞を受賞するような人物（例えば、2002年にノーベル化学賞を受賞した田中耕一）まで、チームによる功績は大きい。

（2）4者の製品開発におけるモデル間の関連性

製品開発における、工業高校モデルのポイントと、コンカレントモデルのポイント、発明家モデルのポイント、IDEOモデルのポイントについて、関係するものを結線図で表した（図5-6）。実線が同等を示し、破線が因果関係を示す。

実線を引いた例としては、工業高校モデルの「（K4）収集された情報と実験の共有」と、コンカレントモデルの「（C2）情報の共有と伝達を密にする」を結線した。

破線を引いた例としては、工業高校の「（K6）拡散ではなく「困難の分解」のブレインストーミング」と、発明家の「（H6）障害を見極める」を結線した。これは、「困難の分解」のブレインストーミングが、その結果、障害を見極めることになるというものである。つまり、工業高校の「困難の分解」のブレインストーミングは方法論であり、新たな手法といえる。

コンカレントモデルの理論は、製品開発のプロセスに主眼をおいたもので、具体的なフェーズのポイントにはあまり言及していない。よって、線の出入りは少ない。

わが国でも世界に名だたる発明家は多くいるが、彼らは生来の天才として評価されてきた。技法を身につければ、誰もが創造的な製品開発ができるという考え方が広まりつつあるのは最近のことである。このため、わが国において系統立てた製品開発の方法論はほとんど見当たらない。製品開発の上流課程の方法論についてはなおさらである。

（3）産業教育という特殊な場で行われる製品開発の特徴

企業と工業高校では設立目的上、経済的なインセンティブには大きな違い

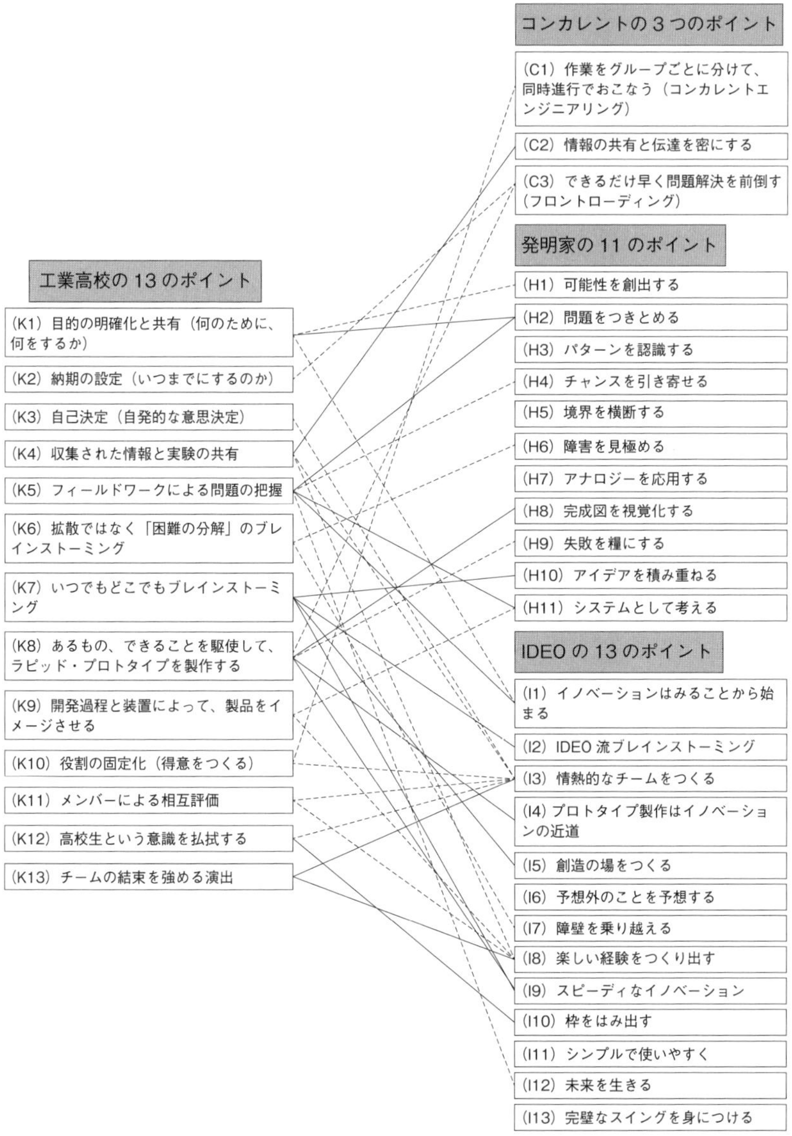

第5章 工業高校モデルと既存の理論との比較

コンカレントの3つのポイント

(C1) 作業をグループごとに分けて、同時進行でおこなう（コンカレントエンジニアリング）
(C2) 情報の共有と伝達を密にする
(C3) できるだけ早く問題解決を前倒す（フロントローディング）

工業高校の13のポイント

(K1) 目的の明確化と共有（何のために、何をするか）
(K2) 納期の設定（いつまでにするのか）
(K3) 自己決定（自発的な意思決定）
(K4) 収集された情報と実験の共有
(K5) フィールドワークによる問題の把握
(K6) 拡散ではなく「困難の分解」のブレインストーミング
(K7) いつでもどこでもブレインストーミング
(K8) あるもの、できることを駆使して、ラピッド・プロトタイプを製作する
(K9) 開発過程と装置によって、製品をイメージさせる
(K10) 役割の固定化（得意をつくる）
(K11) メンバーによる相互評価
(K12) 高校生という意識を払拭する
(K13) チームの結束を強める演出

発明家の11のポイント

(H1) 可能性を創出する
(H2) 問題をつきとめる
(H3) パターンを認識する
(H4) チャンスを引き寄せる
(H5) 境界を横断する
(H6) 障害を見極める
(H7) アナロジーを応用する
(H8) 完成図を視覚化する
(H9) 失敗を糧にする
(H10) アイデアを積み重ねる
(H11) システムとして考える

IDEOの13のポイント

(I1) イノベーションはみることから始まる
(I2) IDEO流ブレインストーミング
(I3) 情熱的なチームをつくる
(I4) プロトタイプ製作はイノベーションの近道
(I5) 創造の場をつくる
(I6) 予想外のことを予想する
(I7) 障壁を乗り越える
(I8) 楽しい経験をつくり出す
(I9) スピーディなイノベーション
(I10) 枠をはみ出す
(I11) シンプルで使いやすく
(I12) 未来を生きる
(I13) 完璧なスイングを身につける

図5-6　4種の製品開発におけるポイントの関係（筆者作成）

185

がある。本章において議論してきた工業高校特有のポイントをあらためて挙げると六つある。

　　（K2）納期の設定（いつまでにするのか）
　　（K3）自己決定（自発的な意思決定）
　　（K6）拡散ではなく「困難の分解」（問題を（化学・物理の原理にまで）単純化して敷居を低くして解決）
　　（K10）役割の固定（得意をつくる）
　　（K11）メンバーによる相互評価（他のメンバー（作業）を意識させる）
　　（K12）高校生という意識を払拭する（既成概念の払拭、集中を妨げない）

　これらは、筆者が20年に及ぶ教育活動のなかで、意識的、あるいは無意識のうちに実践し発見した方法である。あらためて製品開発に関わる実践を振り返り、製品開発をフェーズに分けて既存の方法論と比較することにより、ぼんやりとしていたものがはっきりと輪郭を現した。このなかで特筆すべきものの一つは「（K6）拡散ではなく「困難の分解」のブレインストーミング」である。ブレインストーミングの「四つのルール」、すなわち「批判厳禁」「自由奔放」「質より量」「便乗」とは、切り口の違う仕掛けである。これにより困難な問題を分解し、一つ一つの問題のハードルを下げてブレイクスルーしてきた。

　また、「（K10）役割の固定」は、作業するうちに「必然的にそのようになる」ものである。ところが、学校教育においては、これを阻止する力が働く。つまり、一人が同じことに習熟するのではなくて、限られた時間であったとしても、多様な作業を一様に経験させるべきという指導である。これは、一見正論にみえるが、それでは「得意」も「責任感」も「自尊心」も生まれにくい。もちろん、いい意味での「依頼心」もである。

　さらに「（K12）高校生という意識を払拭する」では、究極の産業教育ともいえる成果が報告されている。この課題研究の卒業生においては、就職して

も仕事が「しんどい」という感覚は薄いという。皆が口をそろえて、あのとき（高校時代の納期前の体験）に比べたら大したことはない、という感覚をもつというのである。

これらの方法が、既成概念にとらわれない成功例という意味では、小さな教育イノベーションであるといえる。

（4）共通するアイデア創出のメカニズム「セレンディピティ（serendipity）」

製品開発の中核であるアイデア創出のメカニズムについてふれておきたい。

セレンディピティとは、思いがけないものを発見する能力のことであり、科学分野で失敗が思わぬ大発見につながったときなどに使われる。澤泉重一は「偶然の発見をもたらす能力」とし、「偶発性が創りだす所与条件の中でどれだけ有効な関係性に気づくことができるか」に置き換えられると主張する（澤泉・片井、2007）。宗吉英樹は「予期していなかった有益なものごとを認識する能力」とし、「ただ予期していなかったものごとに出会うだけでなく、結果的に本人に利益をもたらすことになるものごとに出会う力」と「有益」を強調した（宗吉、2010）。

この言葉が1754年に作家ホレース・ウォルポール（1717～1797年）の書いた手紙に登場した造語であることはよく知られている。この造語は『セレンディップの3人の王子たち』というおとぎ話のなかで、セレンディップ（今のセイロン）の王子たちが旅に出て、さまざまな問題に遭遇したとき、偶然に、しかしうまい具合に、さまざまな発見をして問題解決していくという内容によるものである。

製品開発においてセレンディピティはアイデア発想の瞬間であり、いわゆる閃きの前後である。よって、これに対する定義づけや意味づけは大変重要な課題である。いわばセレンディピティに関する議論は、製品開発を題材とする議論において中心的位置を占める。

ただし、抽象的ではあるが、誰もが実感するような体験であることから、文言は違えど大きな差異はみられない。『図書館情報学用語辞典』（丸善出版）は、「偶然に思いがけない幸運な発見をする能力、またはその能力を行使す

ること。この能力により、失敗した実験の結果から予想外の有用なデータや知識を得たり、検索結果を点検しているときにノイズの中から偶然に当初の目的とは異なる価値のある情報を発見したりできる」と説明している。さらに「ただし、すべてが偶然や幸運に依存するのではなく、有用なデータ、情報に気づくための基盤となる潜在的な知識や集中力、観察力、洞察力を要する」と説明されている。

いうなればセレンディピティは、まったく考えてもいなかった偶然によるものと、日頃から考えていたからこそ発見できたものとに二分できると考えられる。紺野登は、「セレンディピティは全く偶然に起こるのではなく、現場に赴き、出来事のディテールを観察し、そこから何かを得ようとするプロセスから生ずる。あるいはそれを支える組織文化、体制、リーダーシップが引き起こす」と、後者を協調する（紺野、2010）。ただし、「それは必ずしも求めるものとは限らない。探しているものとは別の価値あるものを見つけることを指す言葉でもある」と述べている。

ロバーツ（Royston Roberts）は「思ってもみなかったことを偶然に発見する」ことを指して「真正セレンディピティ」と称し、「追いつめていた目的への道を偶然に発見する」ことを指して「疑似セレンでピティ」と称した（ロバーツ、1993）。

ロバーツはいくつかの具体例を挙げてこの2類型を説明している。疑似セレンディピティの例として、タイヤメーカ名であるグッドイヤーのゴムの加硫の発明について説明している。発明者のチャールズ・グッドイヤーは、硫黄を乗せたゴムの一片を間違って熱いストーブの上に落としたとき、「加硫」と呼ばれるゴムの処理方法を発見した。これは長年追い求めてきた目的を偶然の失敗によって発見した例である。

一方、真正セレンディピティの例としては、ジョルジュ・ド・メストラルによる面ファスナーの発明を挙げている。彼は偶然外出先から帰宅した際に自分の衣服にくっついた野生ごぼうの実をみて面ファスナーの原理に気づいた。野生ごぼうの実は表面に「かぎ針」のような突起物が沢山出ており、それが繊維に絡みつくように機能しており、動物等に種が張り付き、遠くに運

ばれるのである。面ファスナーは商品名を「マジックテープ」といい、今でも衣服や靴など、さまざまな製品に利用されている。

　これら二つの事例は、上述のとおり過去の開発事例からその存在が明らかであるが、発見した知識の活用方法について考えた場合、疑似セレンディピティは発見とともに活用方法が想像できるが、真正セレンディピティは活用方法を発想できなければ無駄にしてしまうことになるだろう。つまり、セレンディピティまで発展できないという可能性があるといえる。どちらが重要ということではないが、真正セレンディピティは偶然の発見があり、その意味を洞察し活用することによって成立するといえる。疑似セレンディピティは、もともと特定の目的や問題意識、あるいは期待が事前にあるということから、偶然の発見と洞察は、ほぼ同時におこるものであると考えられる。以上のことから考えるとセレンディピティは「偶然の発見」と「発見の洞察による知識化」という二つのプロセスがあり、発見以前のプロセスにより真正セレンディピティと疑似セレンディピティに分けられる。

　いずれにせよ、セレンディピティの前後は発想のプロセスに位置づけられる。発想プロセスをモデル化したものは多数あるが、ワラスの発想プロセスの段階（Wallas, 1926）（表5-1）は現在でもよく引用されている。そのプロセスは「準備」「あたため（孵化）」「閃き」「検証」の4段階からなる。セレンディピティは「閃き」ということになるが、「偶然の発見」と「発見の洞察による知識化」とういうプロセスに分かれると考えると、さらに「閃き」は「発見」と「洞察」に分けることができるのではないだろうか。

　これを4者のポイントに当てはめると、発明家モデルのポイントでは「（H4）チャンスを引き寄せる（偶然の出来事に深い意味を見出して活用する）」であり、IDEOモデルのポイントでは「（I6）予想外のことを予想する」というところである。工業高校モデルのポイントでいえば「（K6）拡散ではなく「困難の分解」のブレインストーミング」が、それを引き寄せる訓練として有効であるといえる。

第6章
創造的人格の3因子モデルの構築

1．創造性の定義

（1）創造性の定義における議論

　創造性研究は古代ギリシャ時代にさかのぼるが、創造性の科学的、認知的な理解は20世紀に入ってからといえる（穐山、1975）。創造性は文化や芸術、工業や経済の分野を問わず、社会の発展においてもっとも重要な役割を果たした人間の資質であり、個人の成長や発達のみならず、社会全体に対して有益であるといえる。それゆえ、創造性研究は古くからさまざまな分野で発展し、現在も盛んにおこなわれている。ただ、創造性は、個人的あるいは社会的活動のすべてにおいてその根幹に関わる資質であり、個人だけでなく企業や集団においてもその性質を現す指標の一つである。そのため創造性は多様であり、多くの研究者たちがさまざまな定義を唱えたが、未だ画一的な共通解が得られていないことは第1章で指摘した。

　また、創造性がいかに重要であるかということを論ずる書物はたくさんあるが、創造性を高める実践的な方法について書かれたものはあまりない（奥出、2007）。創造性は生来の才能といった感が強いからではないだろうか。しかし、近年、創造性は、学習や組織改革によって高められるということが認知されるようになってきた。創造性の高い仕事をすることで世界的に有名なアメリカのデザイン会社IDEOでは、誰もが独創的な部分をもっており、それを刺激するような社風をつくり出せば、その部分を開花させられるという信念をもっている（ケリー、2002）。つまり創造性は学習や訓練によって高められることが社会で実証されつつある。

わが国の初等中等教育においても、アイデアの創造教育の必要性は認められている。2002年7月に策定・発表された「知的財産戦略大綱」をもとに2003年度以降、知的財産権教育が推進され、教材や具体的手法の開発の実施が決められた（知的財産戦略本部、2003）。これをもとに中学校技術・家庭科技術分野における知的財産教育の内容においては、モノづくりで生まれる生徒の創造や創意工夫を知的財産の源と考えてそれを重視・発展させ、「知的財産を創造すること」を知的財産教育としておこなうものとしている（文部科学省、2010）。

　多くの場合、生徒の創造や創意工夫のアイデアは、すぐに知的財産になるほど高度ではない。知的財産権はとれなくても実社会では創造性の高い製品が評価されることはいうまでもないが、教育や訓練の場では製造技術や販売システムの問題から実際に製品をつくって売れ行きをみるという評価法は難しい。しかし、学習者の創造性を伸ばすためには創造性の評価が不可欠であり、創造性の尺度についてさまざまな研究がおこなわれてきた。創造性の尺度は創造的プロセス、創造的パーソナリティ、創造的環境などさまざまなアプローチがある。初期は質問紙による被験者自身の調査が主であったが、モノづくりによる作品の創造性を評価するのは一般的に製作者ではなく第三者であり、客観的評価と位置づけられる。したがって製作者自身の主観的な尺度は、製品の評価においてあまり意味をもたない。そこで近年の創造性研究では、創造的思考のプロセスや創造性への社会的影響を調べるときに、実際に製作された作品やアイデア（創造物）を評価することが多くなってきている（吉田、2005）。

　ところが前述の高等学校学習指導要領では、教育目標として創造性あるいは創造的な能力を育成するとうたっている以上、一定の定義とその評価法、また具体的な教育法が明記されなければならないが、そのようなものはみあたらない。教育の場面では、目の前の学習者にとって必要な創造性を定義し、抽象的概念をある程度具体化する必要があるものと考えられる。

第6章 創造的人格の3因子モデルの構築

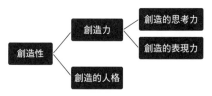

図 6-1 創造性の構造（恩田の定義）
出所：筆者作成

（2）創造力と創造的人格

創造性を研究するうえでそれぞれ一定の定義は不可欠である。多少さかのぼるが一例として恩田彰はこれを、「ある目的達成または新しい場面の問題解決に適したアイデアを生み出し、あるいは新しい社会的、文化的（個人的基準を含む）に価値あるものをつくり出す能力およびそれを基礎づける人格特性である」と定義している（恩田、1971）。つまり、創造性は、能力の側面（創造力）とそれを基礎づける人格特性の側面（創造的人格）の二面構成としてとらえることができるとしている。さらに恩田は、創造力を創造的思考力と創造的表現力に分けることができるとする（恩田、1974）。

2．創造性の評価と信頼性

（1）創造物による創造性の評価

創造性は教育学をはじめ心理学、社会学から経営学などの応用的分野を含めたあらゆる分野で論じられているが、一定の共通な定義はなされていない。それは文化や時代あるいは科学と芸術では目的や手段としての創造性の意味が違うということから必然的であり、創造性とは抽象的概念であるといえる。しかし、抽象的概念でありながらその必要性は周知のごとく認知されている。一般的に創造性の研究は創造性を定義するところから始められている。

1950年は創造性研究にとって一つの節目であるといえる。それまでは天才と呼ばれる人格のパーソナリティ調査や成育歴などに焦点を当てるような研究が盛んであり、芸術的な意味での創造性が研究対象であった。1950年以

降、アメリカの心理学者であるギルフォードが創造性研究の重要性を説き、みずからも因子分析を中心とした創造性研究をおこなった。ギルフォードは創造性を「拡散的思考」と位置づけ、創造性テストを開発した。それまでは自然科学や建築などが創造性の対象であったが、このころから物理学や工学が創造性の対象となった。現在は市場開拓や商品開発など、ビジネス分野での創造性の研究も盛んである。

ギルフォードのいう拡散的思考とは、与えられた情報から論理的に可能なできるだけ多くの多様な情報を生み出す働きであり、唯一の必然的な結論を導き出す収束的思考とは異なる。これらの思考はいずれも、ギルフォードの包括的かつ論理的な知性構造モデルの一部をなし、収束的思考が従来の知能に該当するとし、拡散的思考が創造性のもとであるとされた。よって創造性のテストは一つの質問に対して、いくつもの回答をさせる。これが従来の能力テストとは大きく違う点である。この考えをもとに拡散的思考を評価する創造性テストとして『Guilford's SOI Divergent Production Test』（1967年）が考案された。またギルフォードの理論をもとにつくられたトーランス（E. P. Torrance）による創造性テスト『Torrance's Tests of Creative Thinking (TTCT)』（1962、1974年）なども有名である。

こうしたテストの利用により、一般母集団をもとに創造性研究が進められるようになった半面、これらのテストが本当に創造性を測定していないという批判も絶えない。たしかにこれらは被験者の思考パターンを問うものであり、拡散的思考パターンの持ち主が創造的なアウトプットをするとは限らない。これら初期の研究は、とくに、ビジネス分野での応用を期待する今日的な創造性研究とは差異があると考える。

一方、高等学校学習指導要領においても、教育目標として創造性あるいは創造的な能力を育成するとうたっている。とくに、産業教育をおこなう専門高校においては「モノづくり」を中心としたカリキュラムが組まれることが一般的である。近年は知的財産権教育という視点も取り入れている。もっとも、生徒の創造や創意工夫のアイデアはすぐに知的財産になるほど高度ではない。知的財産権が取得できずとも実社会では創造性の高い製品が評価され

第6章　創造的人格の3因子モデルの構築

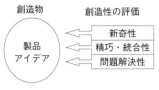

図6-2　CPAM理論（筆者作成）

ることはいうまでもないが、教育や訓練の場では製造技術や販売システムの問題から実際に製品をつくって売れ行きをみるという評価法は難しい。しかし、教育目標として揚げる以上、一定の定義とその評価法、また具体的な教育法が明記されなければならない。学習者の創造性を伸ばすためには創造性の評価が不可欠であり、創造性の尺度についてさまざまな研究がおこなわれてきた。教育場面においても学習者にとって必要な創造性を定義し、抽象的概念をある程度具体化する必要がある。前述のように第三者による客観的な評価の方法として、実際に製作された作品やアイデア（創造物）を評価する方法が注目を浴びている。なかでも「創造物意味尺度（Creative Product Semantic Scale：CPSS）」（Besemer & O'Quin, 1986）はさまざまな製品の創造性を計測する目的で作成された一般的な尺度である。CPSSには55項目の質問があり、いくつかの質問が集まって各サブスケールを構成する。これまでにTシャツ、椅子、家庭用品などさまざまな製作品が評価されてきた。

　CPSSは「創造物分析マトリックス（Creative Product Analysis Matrix：CPAM）」（Besemer, 1981）という理論にもとづいている。CPAMでは、「新奇性」「精巧・統合性」「問題解決性」の三つの因子から創造物をとらえる。新奇性は製品の新しさを評価する。精巧・統合性では異質な要素が製品のなかで一貫性をもって統合されている度合いを評価する。問題解決性とはその製品が問題事象の要求に合致する度合いを評価している。いわゆる実用性といってもよい。

（2）創造物意味尺度（CPSS）を用いたアイデアシートの創造性評価における信頼性

　ここで問題となるのは評価者の信頼性である。創造物を評価することにより、他者評価という観点から客観性は高まるが、やはり評価者の主観という部分は払拭できない。創造性の評価自体が不特定多数の主観で成り立つと考えられるものであるから、そのこと自体は必然的であり問題がないともいえる。しかし、評価者によって評価が大きく異なると評定の妥当性が疑わしくなる。また、創造性は抽象的概念であることから文化や風土によって左右されることも考えられる。これまでアメリカとノルウェイの学生および青年層によるCPSSの評価を比較した実践研究（Besemer & O'Quin, 1999）では、それぞれの因子に高い相関がみられ文化や地理的環境に影響されないと報告されている。日本でのこのような実践研究は少ない。

　そこで、本書では創造物意味尺度（CPSS）を用いて針金ハンガーのアイデアを評価し、評価者の信頼性と課題の妥当性を検証するとともに、これまであまり試みられてこなかった評価の客観性の分析をおこなう。針金ハンガーのアイデアを課題とした理由は、針金ハンガーはすべての被験者が手にした経験があるであろうことと、実際に特別な技能や装置がなくても製作が可能であることである。ただ、評価対象としてはアイデアを記したアイデアシートのみを対象とした。これは実際に針金を加工すると技術上の制約が発生し、自由な発想を妨げる恐れがあることと、創造性の評価に製作技能が関与することを避けるためである。

工業科教員による創造性評価の実証実験

　工業高校の1年生38名を対象とし、教科工業の科目「工業技術基礎」の産業財産権パート（3時間×2週　計6時間）のなかで調査をおこなった。工業技術基礎は、各小学科における共通で基礎基本的な内容で構成され、より専門的な学習への準備や動機づけとして生徒の意識を高めることをねらいとした科目である。このなかで知的財産権教育の一環として「産業財産権」とい

うパートを設け、特許権、実用新案権、意匠権、商標権などについて学習している。授業のなかでは産業財産権に関する理論学習を2時間程度おこない、それぞれの産業財産権を学習したあと、実践課題として素材に針金を使ったハンガーを考案させる。考案内容は図6-3のようなA4サイズのアイデアシートに作品の「名称」「解決すべき課題」「解決法」を文章表記し、フリーハンドで「図面」も作成させる。課題にかける時間は50分とした。その後、アイデアシートが完成した生徒から針金ハンガーの製作に移る。前述のように評価の対象はアイデアシートのみで、作品は評価対象としない旨を提示している。また、解決すべき課題の設定として、「滑り落ちにくい」「服以外のものも掛けられる」「コンパクトに収納できる」「服が乾きやすい」「服に変な形がつきにくい」「形が面白い」などを提示した。また、実際に市販されているさまざまなアイデアが織り込まれた針金ハンガーも参考として提示している。

　針金ハンガーの発案に対する創造性評価は、4名の工業科教員によりおこなった。創造性の尺度としてベッセマーらの提案したCPSSの縮小版を使った（Besemer & O'Quin, 1986）。日本語版として先行研究における翻訳版（吉田・服部, 2006）を参考にして、項目の配列を変更し、訳をわかりやすくアレンジして使用した。これは、創造性を表現する対義語あるいは文章を両端におき、その間を7段階に区切ったものである（図6-4）。

　CPSSのオリジナルは55項目の質問で構成されているが、「新奇性」「精巧・統合」「問題解決性」の三つの因子では重複する項目が多く、同じような質問に何度も答えるということから評価者の心理的負担が高い。そこで15項目からなる縮小版を採用した。縮小版でも数々の実験により55項目のCPSSと同様の創造性を測定できることが示されている（White & Smith, 2001）。

　「新奇性」に関する項目は1、3、5、8、13、「精巧・統合」に関する項目は2、4、6、10、12、「問題解決性（実用性）」に関する項目は7、9、11、14、15である。なお、項目3、6、10、14は逆転項目である。それぞれの因子の項目による得点を合計し3因子のそれぞれの得点とする。また、創造性の得点は3因子のそれぞれの得点を合計したものとする。

針金を使ったハンガーの考案　　　　　年　　組　　番　氏名　　　　　　　　　

〇発明したハンガーの名称　　ハッピーハンガー　　　　

〇課題（解決すべき問題やつけたい機能）
　・箇条書きでもよい
　1．祭りのハッピがかけられる
　2．ハッピの図柄がきれいに見える

〇解決手段（アイディア・使用方法・図の説明）
　・箇条書きでもよい

　1．普通の針金ハンガーは三角形をしているため、ハッピの形が出ない。この発布は全体がT型になっており法被の形をしている。
　2．①が真っすぐで首から袖口に掛けて平行にかけられる。

〇図面（フリーハンドでよいが、わかりやすく丁寧に書いてください）

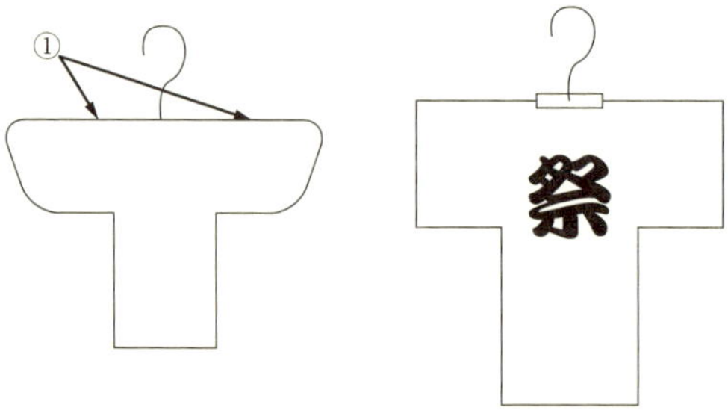

図6-3　アイデアシート（筆者作成）

第6章　創造的人格の3因子モデルの構築

製作物評定表　　　作品番号＿＿＿組＿＿番　評価者＿＿＿＿＿＿

適当と思われる数値を○で囲んでください。

		非常に	かなり	やや	どちらでもない	やや	かなり	非常に	
1	新鮮な（鮮明な）(fresh)	7	6	5	4	3	2	1	使い古された (over used)
2	精細な (meticulous)	7	6	5	4	3	2	1	ずさんな (sloppy)
3	平凡な (ordinary)	7	6	5	4	3	2	1	独特な（ユニークな）(unique)
4	上手な (skillful)	7	6	5	4	3	2	1	下手な (bungling)
5	普通でない (unusual)	7	6	5	4	3	2	1	普通な (usual)
6	いい加減な (careless)	7	6	5	4	3	2	1	念入りな (careful)
7	満足できる（十分な）(adequate)	7	6	5	4	3	2	1	満足できない（不十分な）(inadequate)
8	独創的な (original)	7	6	5	4	3	2	1	決まり切った (conventional)
9	論理的な (logical)	7	6	5	4	3	2	1	非論理的な (illogical)
10	不出来な（完成度が低い）(botched)	7	6	5	4	3	2	1	上出来な、完成度が高い (well made)
11	適切な (appropriate)	7	6	5	4	3	2	1	不適切な (inappropriate)
12	巧みな (well crafted)	7	6	5	4	3	2	1	雑な (crude)
13	新奇な（斬新な）(novel)	7	6	5	4	3	2	1	ありきたりな（意外でない）(predictable)
14	見当違いな (irrelevant)	7	6	5	4	3	2	1	妥当な (relevant)
15	意味のある (makes sense)	7	6	5	4	3	2	1	意味のない (senseless)

図6-4　CPSS評価表

出所：White & Smith（2001）をもとに筆者作成

表6-1　CPSSによる創造性得点と標準偏差

評価者	平均値	標準偏差
K	59.9211	10.42186
T	52.7632	12.60295
O	60.5526	7.56842
I	64.3158	9.68171

N＝38

結果と考察

【総合得点と標準偏差】

　評価者ごとの創造性得点の平均値と標準偏差を表6-1に示す。評価者KおよびTは教員経験が15年以上のベテラン教員である。また、評価者OおよびIは教員経験が3年未満と経験が浅い。平均値の差は、前もって評価点の打ち合わせをしていないことを反映しているものと思われる。つまり基準を決めていないため平均に差が出たと推測できる。標準偏差は経験の差によるものと考えられる。経験の多い評価者のほうが標準偏差が大きいということは、アイデアを細かく分析して明確な評価をしており、それだけ評定の幅を

表 6-2 CPSS による評価者間の相関係数

CPSS 評価者	CPSS 評価者			
	K	T	O	I
K	1	0.696**	0.480**	0.730**
T		1	0.420**	0.507**
O			1	0.456**
I				1

**p＜0.01　　　　　　　　　　　　　　　　N＝38

もっていると考えられる。逆に教員経験が少ないと評定の幅が狭くなり、個々の評定が平均に近くなったと考えられる。

　日常の教育活動における評価の経験が価値判断力を養い評価者としての自信につながることも、このような結果につながったといえるのではないだろうか。

【相関分析】
〈評価者間の創造性得点の相関〉
　表6-2に各評価者の創造性得点の相関を示す。平均では差があったものの、各評価者の創造性得点の相関はそれぞれ1％水準で有意であった。これにより4名の評価者の総合的な創造性の評価傾向は同じであった。
　しかし創造性得点は3因子による得点の合計である。さらに詳細に比較するには3因子のそれぞれの項目得点を比較する必要がある。

〈評価者間の新奇性得点の相関〉
　表6-3は「新奇性因子」における各評価者の評定の相関を示したものである。評価者OとT、Iの間に有意な相関がみられなかったもののそれ以外では有意な相関がみられた。創造性は抽象概念であることからすれば、それを構成する因子による評定に個人差が出るのは必然であると考えられるが、教員経験年数による差はみられない。

第6章　創造的人格の3因子モデルの構築

表6-3　CPSSによる新奇性得点の相関係数

CPSS 評価者	CPSS評価者			
	K	T	O	I
K	1	0.472**	0.321*	0.717**
T		1	0.201	0.444**
O			1	0.154
I				1

**$p<0.01$　　　　　　　　　　　　　　　　　N=38
*$p<0.05$

表6-4　CPSSによる精巧・統合性得点の相関係数

CPSS 評価者	CPSS評価者			
	K	T	O	I
K	1	0.786**	0.575**	0.570**
T		1	0.623**	0.495**
O			1	0.559**
I				1

**$p<0.01$　　　　　　　　　　　　　　　　　N=38

〈評価者間の精巧・統合性得点の相関〉

　表6-4は「精巧・統合性因子」における各評価者の評定の相関を示したものである。すべての評価者において1％水準で有意な相関があった。精巧・統合性因子は教員の経験年数や個人の主観に関係なく一貫した評価ができる項目であると考えられる。精巧・統合性に関する評価は新奇性や問題解決性といった経験や認識による感覚に近いものよりは見栄えという視覚的なものに左右されるであろうことが考えられる。

〈評価者間の問題解決性得点の相関〉

　表6-5は「問題解決性因子」における各評価者の評定の相関を示したものである。すべての評価者において5％水準で有意な相関があった。

　評価者KとT、OとIの相関係数は1％水準で有意な相関があり、それ以外の相関係数は5％水準とそう高くはない。この結果から問題解決性因子が教員の経験年数に関係していると考えられる。

表 6-5　CPSS による問題解決性得点の相関係数

CPSS 評価者	CPSS 評価者			
	K	T	O	I
K	1	0.718**	0.346*	0.341*
T		1	0.382*	0.313*
O			1	0.440**
I				1

**p＜0.01
*p＜0.05
N＝38

まとめと今後の課題

　近年、重要性を増す創造性の評価法として、創造物（作品）を評価対象とした創造物意味尺度（Creative Product Semantic Scale：CPSS）における評価者の信頼性とアイデアシートの妥当性を検証することを目的とした。その方法として、38名の高校1年生により作成された針金ハンガーのアイデアシートを工業科教員4名で評価した。その結果、CPSSによる創造物の評価において、4名の工業科教員による評価間の相関が認められたことにより、信頼性と課題の妥当性がおおむね支持された。これにより、評価の客観性と一貫性という視点から、CPSSによる評価が産業教育における創造性の評価として利用可能であることが示された。知的財産権教育や産業教育における製品開発に寄与する創造性教育は、今後さらに重要視される傾向にある。これにより得られた知見は、今後の創造性教育プログラムや創造性の学習モデルを確立するために有効である。

　ただし、CPAM理論にもとづく3因子の評価には若干の相違がみられる。この相違が経験によるものなのか、価値観によるものなのか、あるいはパーソナリティによるものなのか、また、それら要因によりどのように変化していくのかを明らかにする必要がある。

　CPSSの有効性が確かめられたことにより、今後の展開として創造物による創造性の評価と自己概念の差や、創造性を高めるさまざまなモノづくり教育の手法を評価することができる。さらにコミュニケーション・スキルや環

境が創造物に与える影響などを明らかにすることにより、より効率のよい学習プログラムを開発することが可能になる。

　しかし、実社会においてモノづくりにおける創造性教育の最終目的は経済的価値の高い製品や技術を生み出すことである。それは今回の研究で確かめられた工業科教員の評価とは異なることが考えられる。実際に今回利用した短縮版CPSSを提案したオリジナル研究では、ポスター広告の評価を「広告の専門家」「一般市民」「大学生」の三つのカテゴリーで比較したところ、それぞれが選んだ最上位作品と最下位作品は異なっていた。

　今後の課題としてはCPSSによる創造物の評価が、製品開発あるいは製品販売をどの程度予測するのかを明らかにすることが必要である。それには教員による評価だけでは不十分である。製品を利用するのは消費者であり、消費者による評価が重要である。実際に評価対象となる製品の購入者層を推定し、それら消費者による評価と教員の評価を比較して教員評価を調整するような処遇をおこなうことにより実践的な学習プログラムが開発できる。

　また、CPSSによる評価は創造物の一般的な創造性を評価するだけである。CPSSによる評価が販売数と比例するとは限らない。CPSSと販売数がどのようにリンクするのか、また、「物」だけではなく「体験」という価値や、「環境」によるマッチングの価値など、その他の要素を明らかにすることも必要である。

3．創造性と人格

（1）主要5因子性格検査

　すでに示したように、本書では、恩田彰による「ある目的達成または新しい場面の問題解決に適したアイデアを生み出し、あるいは新しい社会的、文化的（個人的基準を含む）に価値あるものをつくり出す能力およびそれを基礎づける人格特性である」という創造性の定義を採用し、能力の側面（創造力）と、それを基礎づける人格特性の側面（創造的人格）の二面構成とする。後者の「人格特性の側面（創造的人格）」は、個人の資質の代表的な指標であ

る性格（ここでは対象が人であるため人格と同義とする）といえる。性格に絶対的基準がないことは論をまたない。また、訓練によって単純に変わるものでもない。それは、人が成長していく過程でさまざまな環境や経験を通して醸造されるものである。物をつくることや言語を習得するような能力のように、一定の目的のための訓練や環境によって早々に目的通りに達成されるものではない。

　古今東西、人類が共通して感じていることは、一人として同じ人間はいないということである。文化や家族構成などの生育環境をはじめ、誰しも経験してきたことが同じということはありえない。たとえ一卵性双生児が同じ両親に育てられたとしても兄弟の差や家庭以外での経験は同じになりえない。個々の人生がさまざまな要因の積み重ねであることを考えると、一人としてまったく同じ生育環境・生育歴を経験してきた人はいないわけであるから、まったく同じ性格をもつ人はいないと考えるのは自然である。さらに、経験の違いは創造性の二面、それぞれに影響を与えるからこそ、この二面は混同して扱われやすく定義や測定が困難になるといえる。

　近年、英語圏の性格特性用語の相関研究から、五つの主要な直交因子で性格を分析できると認識されつつある（Goldberg, 1992）。この仮説を「5因子モデル（Five Factor Model）」という。

　5因子モデルは日本でも標準化され3種類の性格検査が出版されている。

　①一つめは、「ネオ人格目録改訂版（NEO Personality Inventory Revised：NEO-PI-R）」の日本語版であり、これは、下仲順子らによって大学生群、成人群の各基準集団を対象として標準化され出版されている（下仲ほか、1999）。この検査の構成は、「神経症傾向」「外向性」「開放性」「調和性」「誠実性」の5因子からなり、その5因子はそれぞれ六つの下位次元から構成されている。

　②二つめは、大学生を対象として標準化した「FFPQ（Five-Factor Personality Questionnaire）」（FFPQ研究会）による検査であり、辻平治郎は、「日本人のパーソナリティ理解にも利用できるように、従来の欧米中心だった5因子モデルを独自の視点から再解釈したもの」であるとする（辻編、1998）。その5因子は「外向性」「愛着性」「統制性」「情動性」「遊戯性」とされ、さ

らにそれぞれの下位次元として五つの要素特性が想定されている。

③三つめは、語彙アプローチによる、ゴールドバーグ（L. R. Goldberg）の流れを汲んだ村上宣寛らの「質問紙性格検査」である（村上・村上、1999；Goldberg, 1992）。村上らはゴールドバーグの形容詞チェックリストによる研究成果を基礎にして、新たに質問紙項目を作成し、「主要5因子性格検査（The Big Five Personality Inventory：BFPI）」を開発した。5因子の名称は「外向性」「協調性」「勤勉性（良識性）」「情緒安定性」「知性」である、他の2検査とは異なり下位尺度はもっていない。

研究者によって各因子の因子名は多少違うものの、同じ被験者で検査したところ第四尺度までについてはそれぞれ高い相関係数が得られた。第五尺度については、相対的に低かったものの相関的対応は否定できない。ゆえに性格検査としてはどれを使用してもある程度の妥当性、信頼性を確保できるという（大野木、2004）。

村上らが作成したBFPIは、5番目の因子を「好奇心」とし、経験を広く、物事を分析したり、考えたりする、思慮深い、創造的、知性的な性格であるとした。また、「知能」との混同を避ける意味もあり、「知性」から「知的好奇心」へと命名しなおした（村上・村上、2008）。

本書では恩田による創造性の定義を採用するが、恩田によれば創造的人格の特性の一つに知的好奇心があげられるという（恩田、1974）。よって、本書では「知的好奇心」をもつ、村上らの開発した「主要5因子性格検査（BFPI）」を採用した。なお、BFPIの第三因子は「良識性」と表記されることもあるが、質問項目から「勤勉性」とする研究者も多く（大野木、2004）、より直感的な理解を得やすくするため、本書でも「勤勉性」と表記する。

（2）創造物により評価された創造性と性格の因果関係

創造性における創造力とそれを基礎づける人格特性の側面（創造的人格）にはどのような関係があるのだろうか。創造力の高い人の人格的側面を明らかにすること、つまり性格のどのような因子が創造力と関わっているかということが明らかになれば、創造性を高める方法論を考えるうえで一つの手が

かりとなる。さらに創造力と性格との因果関係が明らかになれば、性格検査により個人の創造力に見当をつけ、集団や組織においては採用や人員配置に関する有用な資料となりえる。ちなみにCPSSで扱う「創造性」の評価は、出力結果である創造物を評価したものであり、創造力の評価である。

創造物意味尺度と主要5因子性格検査による実験

　工業高校の1年生を対象とし、工業科目「工業技術基礎」の産業財産権パート（3時間×2週、計6時間）のなかで調査をおこなった。工業技術基礎では1班を10名ずつの班編成に分け、班ごとに各パートを学習する。今回は欠席者2名を除き10班98名を調査した。はじめに被験者に対し「主要5因子性格検査（BFPI）」を実施する。その後、授業のなかでは産業財産権に関する理論学習を2時間程度おこない、それぞれの産業財産権を学習したあと、実践課題として素材に針金を使ったハンガーを考案させた。

　針金ハンガーのアイデアシートに対する創造性評価は、CPSSを用いて2名の工業科教員によりおこなった。1名は工業高校（機械）教員歴21年でもう1名は工業高校（電気）教員歴22年である。評価が分かれるときはそれぞれ話しあって評価した。CPSSによる創造性の3因子の評価とBFPIの5因子の評価について共分散構造分析をおこなった。

結果と考察
【創造性評価と性格特性評価】

　本書では、創造性の指標として創造物意味尺度（CPSS）を用いた。また性格の指標として主要5因子性格検査（BFPI）を用いた。表6-6に創造物意味尺度の3因子「新奇性」「精巧・統合」「問題解決」と主要5因子性格検査の5因子「外向性」「協調性」「勤勉性」「情緒安定性」「知的好奇心」の相関行列および標本平均、標準偏差を示す。

【創造性と性格の因果モデルの推計】

　本書では、創造性と性格の因果関係を検証するために、「創造物意味尺度

第6章 創造的人格の3因子モデルの構築

表6-6 共分散構造分析に用いた観測変数間の相関行列、平均値、標準偏差

	外向性	協調性	良識性	情緒安定性	知的好奇心	新規性	精巧・統合	問題解決
外向性	1.00							
協調性	.214*	1.00						
良識性	.140	.226*	1.00					
情緒安定性	.288**	.035	.156	1.00				
知的好奇心	.279**	.115	.535**	.165	1.00			
新規性	.212*	.024	−.007	.029	.248*	1.00		
精巧・統合	.295**	.118	.130	.010	.422**	.691**	1.00	
問題解決	.247*	.118	.113	.035	.332**	.692**	.830**	1.00
標本平均	50.16	53.55	47.04	49.69	44.59	21.19	19.16	20.12
標準偏差	7.487	4.979	6.067	7.013	6.181	5.135	4.845	3.468

注：**：$p<0.01$、*：$p<0.05$（両側検定） N＝98

(CPSS)」と「主要5因子性格検査（BFPI）」により得られた指標得点にもとづき共分散構造モデルの一つであるMIMIC（Multiple Indicator Multiple Cause）モデルを用いて分析する。このモデルを創造性モデルとし図6-5にパス図を示す。分析ツールとしてAmos6.0を用いた。

MIMICモデルでは、複数の観測変数によって構成概念（潜在変数）が規定され、その構成概念が複数の観測変数の原因となっていると考える。ここでは「創造性」を構成概念とし「CPSS」の3因子と「BFPI」の5因子の因果関係を明示的に表現することが可能となる。

分析対象は98名の被験者から得られた創造性と性格のデータである。図6-5にMIMICモデル（サンプル数98）の推計結果を示す。まず、想定した因果関係全体の妥当性を評価するため、GFI、AGFI、CFIと修正指標を求めた。修正指数に従い誤差変数e1とe4の間に誤差相関を想定した。その結果、適合度指標は、GFI＝0.954、AGFI＝0.897、CFI＝0.989と高い適合度を示している。またRMSEA＝0.042であり、モデルの当てはまりもよいことが確認できた。

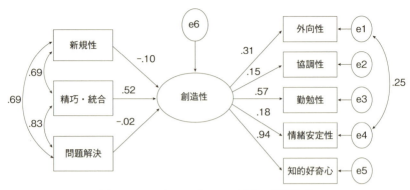

図 6-5 CPSS と BFPI の MIMIC モデル（筆者作成）

【創造性と性格の因果関係】

　観測変数（CPSS 側）から構成概念（創造性）への影響は、重回帰分析の偏回帰係数に相当するもので観測変数が三つ以上になると解釈は困難になる（豊田、2007）。よってここでは積極的な解釈は避けた。

　「創造性」との因果関係は BFPI の「知的好奇心」「勤勉性」において 1 ％水準、「外向性」において 5 ％水準で有意であった。

　（知的好奇心）　表 6-7 に「知的好奇心」の項目を示す。図 6-5 に示すとおり「知的好奇心」は係数が 0.94 で「創造性」からの影響力がきわめて大きい。村上宜寛らによると「知的好奇心」は、好奇心があって、知識の範囲が広く、物事を分析したり考えたりする、思慮深い、創造的、知性的な性格であり、逆の場合は、好奇心に乏しく物事を分析するのが苦手で、頭がすぐに混乱しやすい、知的好奇心に乏しい素朴で洗練されていない性格であるとされる（村上・村上、2008）。創造的という表現が入っていることからもわかるように「知的好奇心」は性格検査のなかでは最も創造性に近い因子であることが理解できるが、創造性のアウトプットである創造物を他者が客観的に評価したCPSS の評価と BFPI の該当因子に大きな影響を与えるということは、因果関係が確認できただけでなく、CPSS と BFPI 双方の「創造性」における妥当性が高いといえる。

　（勤勉性）　表 6-8 に「勤勉性」の項目内容を示す。「知的好奇心」に次いで

第6章 創造的人格の3因子モデルの構築

表6-7 主要5因子性格検査における「知的好奇心」の質問項目

番号	項目（知的好奇心）
7.	将来のことを見通すことができる方です。
22.	難しい問題にぶつかると、頭が混乱することが多い。※
30.	いろいろな分野の言葉をたくさん知っています。
32.	問題を分析するのは苦手な方です。※
34.	機会さえあれば、大いに世の中に役立つことができるのにと思います。
40.	いろいろな問題や事柄から共通した性質を見つけだすのは、ほかの人より得意です。
42.	私は重要人物です。
46.	ひろく物事を知っている方です。
47.	いつもと違ったやり方を、なかなか思いつきません。※
54.	大抵の人が動揺するような時でも、落ち着いて対処することができます。
59.	ほかの人より洗練された考え方をする方です。
61.	ほかの人と比べると、物事の本質が見抜ける方です。

※は逆転項目

「創造性」からの影響力が大きいのは「勤勉性」である。「勤勉性」は責任感があって、仕事や勉強に良心的、精力的に取組む勤勉な性格である。逆の場合は物事への取り組みが中途半端で、根気がなく気まぐれで、浪費癖がある、無責任でいい加減な性格であるとされる。質問項目からみても論理的思考力や忍耐強い探究力を問う項目がありCPSSの3因子に適応することが推察できる。本研究の結果からCPSSにより規定された「創造性」とBFPIの「勤勉性」との因果関係が確認できた。

（**外向性**）表6-9に「外向性」の項目内容を示す。「外向性」はにぎやかで元気がよく、話好き、勇敢で冒険的、積極的な性格である。逆の場合は、おとなしく無口で、引っ込み思案、臆病で不活発な性格であるとされる。CPSSの3因子に規定される「創造性」において冒険的、積極的、さらに話し好きという観点から多くの価値観と交わる機会を多くもっていることが「創造性」との因果関係を高めたと推察できる。

まとめと今後の課題

CPSSによって規定される「創造性」とBFPIの「知的好奇心」「勤勉性」「外向性」の因果関係が確かめられた。もともとのBFPIの五つから、とくに創造性に関係の強いもの三つを選び出したことになる。

表 6-8 主要 5 因子性格検査における「勤勉性」の質問項目

番号	項目（勤勉性）
1.	問題を綿密に検討しないで、実行に移すことが多い。※
2.	どちらかというと怠惰な方です。※
10.	軽率に物事を決めたり、行動してしまいます。※
12.	仕事や勉強に精力的に取り組みます。
21.	どちらかというと徹底的にやる方です。
27.	どちらかというと、飽きっぽい方です。※
28.	物事がうまくいかないと、すぐに投げ出したくなります。※
36.	何かに取組んでも、中途半端でやめてしまうことが多い。※
51.	筋道を立てて物事を考える方です。
55.	はっきりとした目標を持って、適切なやり方で取り組みます。
64.	どちらかというと三日坊主で、根気がない方です。※
67.	旅行などでは、あらかじめ細かく計画を立てることが多い。

※は逆転項目

表 6-9 主要 5 因子性格検査における「外向性」の質問項目

番号	項目（外向性）
3.	ほかの人と比べると話し好きです。
4.	どちらかというと地味で目立たない方です。※
11.	どちらかというと、にぎやかな性格です。
14.	人前で話すのは苦手です。※
19.	積極的に人と付き合う方です。
23.	どちらかというと引っ込み思案です。※
35.	どちらかというと、おとなしい性格です。※
37.	あまり自分の意見を主張しない方です。※
38.	ほかの人と同じように、すぐに友達ができる方です。
53.	ほかの人と比べると活発に行動する方です。
57.	元気がよいと人に言われます。
60.	どちらかというと無口です。※

※は逆転項目

「知的好奇心」は最も創造性の影響を受ける因子であるがその命名は共通ではなく、研究者によって「知性」と呼ばれることや「開放性」と呼ばれることがある。また、おなじく「良識性」は「勤勉性」や「誠実性」と命名されることがある。これらは、知識や身のまわりの事象に興味をもちその理解や技術の習得に真摯に取組む姿勢をもつ者の創造性が高いことを示唆している。

またBFPIによる間接的な「創造性」の評価の可能性が示された。今回の結果により創造性と性格の因果関係が確かめられたことで、創造性教育に性格形成の視点を取り入れることで新たな評価法や教授法開発の可能性が示唆された。創造物から評価した「創造性」が高い人が「知的好奇心」「勤勉性」「外向性」が高い傾向にあることは確かめられたが、これらの3因子を高めると創造性が高められることが確かめられたわけではない。今後、人格形成と創造性の伸長にどのようなメカニズムがあるのか、さらにそれぞれの下位尺度と、質問項目にも注目して詳細な関係を明らかにすることが必要である。それにより創造性教育の方法論を導き出す可能性が高まる。

4．コントロールされた実験室内での創造性の客観モデル（創造的人格の3因子モデル——BTCI：The Big Three Creativity Inventory）

（1）研究の遂行にあたって、「創造性」に関する一定の定義は不可欠である。過去の蓄積から多く引用されている例として、すでに述べたように恩田彰の「ある目的達成または新しい場面の問題解決に適したアイデアを生み出し、あるいは新しい社会的、文化的（個人的基準を含む）に価値あるものをつくり出す能力およびそれを基礎づける人格特性である」という定義があった（恩田、1971）。この定義の優れた点は、能力の側面（創造力）だけでなくそれに人格特性の側面が関係しているという視点を導入したことである。しかしこの定義は1965年に発表されたもので、これを検証した実証的研究はその後見当たらない。そこで筆者は、この定義の妥当性を検証するため、最新の創造力に関する尺度と人格に関する尺度を用いて、創造性と創造的人格の2つの側面をもつことの連関について検証した。

（2）まず、創造力の評価については、産業という視点から、コントロールされた実験室環境のなかでモノづくりによる作品（アイデア）がアウトプットとして得られるので、第三者の客観的評価として、製作された作品やアイデア（創造物）などさまざまな製品の創造性を評価する「創造物

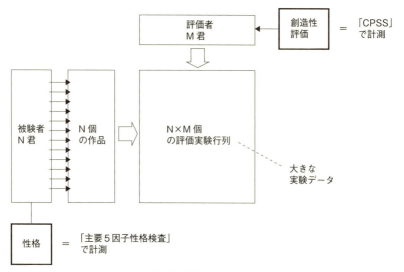

図6-6　創造性＝性格モデルの実験枠組み

意味尺度（CPSS：Creative Product Semantic Scale、新規性、精巧さと統合、実用性の3要素）」を適用できる。さらに、より難しいこの「創造性」の評価については、これまであまりおこなわれてこなかった第三者の客観性を追求した。すなわち、上記のCPSSの評価者を1名ではなく4名の現役工業科教員とし、それぞれ同一の作品を評価させ、その結果を検証した。すると、4名の評価者による結果は高い相関をもっており、内的整合性が確認でき、創造力の評価尺度として客観性をもっていることが確認された。

（3）創造的人格の尺度においては、人間の性格特性についてのよく用いられるゴールドバーグによる「主要5因子性格検査（BFPI：The Big Five Personality Inventory）を援用した（Goldberg, 1992）。

（4）上記の「人格」→「創造力」の二つの評価を、共分散構造分析を用いて分析した結果、その連関を明らかにすることができた。また主要5因子（ビッグファイブ）「外向性」「協調性」「勤勉性」「情緒安定性」「知的好奇心」のうち、3因子「知的好奇心」「勤勉性」「外向性」が創造性にとくに

強く関係するという結果を得た。人の一般的な五つの性格のうち、創造的な人間は三つが強く関係することが確かめられた。これを本書では「創造的人格の3因子モデル：BTCI：The Big Three Creativity Inventory)」と名付けたい。

第7章
おわりに

　本書は、グローバル化やICT化により既存の産業構造が激変し新しい業種が誕生する現代、経済発展を継続させるには、新たなコンセプトを生み出し、無形の価値をビジネスに付加する創造的人材の育成が急務であるとの認識のもと、中等教育における産業教育の中心的存在である工業高校において、創造的人材の育成を具現化するための方法論を導く知見を得ることを主眼に論考を進めた。

　その結果、中等教育段階の産業教育において創造性教育が必要とされているにもかかわらず形骸化していることを指摘した。

　また、学校によっては、科目「課題研究」などで創造性を育む教育が実践されており、社会的な評価も得られているが、その評価には一定の基準がないことから、曖昧な評価であるといわざるをえない。この主な原因として、創造性の定義に関する一定の共通理解が得られていないこと、また、創造性を論じるに当たり、評価方法も確立されていないということが問題であると結論づけた。

　これに対し、産業教育における創造性の定義について、まず産業教育における創造性の評価法の探索をおこなった。産業活動においては、生産された製品やサービスの需要拡大が目的となる。需要を生むのは生産者ではなく消費者であり、生産活動によって生み出された創造物は、第三者が評価する。本書では、その一つの方法として、創造物意味尺度（CPSS）を選択し、その信頼性を確認できた。

　次に、創造性教育を推進するうえで、産業教育において修得させるべき創造性とは何かという問いに対し、恩田彰の定義に従い、創造性を技術的側面である創造力と、人格的側面である創造的人格に分け、その連関について検

証した（恩田、1971）。創造力の尺度として、前述の創造物意味尺度（CPSS）を用い、人格の尺度として主要5因子性格検査（BFPI）を用いた。それぞれの結果を共分散構造分析により分析した結果、創造力と創造的人格には、連関があることを明らかにした。さらに、この二つの尺度から、創造力と創造的人格において、より詳しく定義することができた。すなわち創造性とは「ある目的達成または新しい場面の問題解決に適したアイデアを生み出し、あるいは新しい社会的、文化的（個人的基準を含む）に価値あるものをつくり出す能力およびそれを基礎づける人格特性（知的好奇心・勤勉性・外向性）である」ということを、科学的根拠にもとづき結論づけた。

また、筆者が20年来関わってきた工業高校における製品開発を中心とした創造性教育の実践例から、環境機器開発のスキームとして「不要なもの、量の確保、廃棄困難の発見→転換アイデアの探索→逆転的価値創造」と「現場の状況（原料の収集・オペレーターの行動・スペース）に合致した処理量」が重要であることがわかった。

さらに、問題解決においては、アイデア創出のブレインストーミング以前に「困難な問題をブレインストーミングで分解する」という枠組みで考えさせる特別教授法が効果的であるということを確認した。

いうならば、これまでのシュンペーター流の「足し算型イノベーション」に対し「割り算型イノベーション」の可能性を提示した。

これら、中等教育における産業教育での実践で得られた製品開発のスキームについて、近年注目されている「デザイン思考」をはじめとする既存の製品開発やイノベーションのスキームと、工業高校で成功した製品開発の例を比較した結果、多くの共通するポイントが確かめられた。さらに、中等教育の場という特別な環境において、製品開発を学習テーマにするうえで効果を高める六つのポイント、すなわち「①納期の設定、②自己決定、③拡散ではなく「困難の分解」のブレインストーミング、④役割の固定化、⑤メンバーによる相互評価、⑥高校生という意識を払拭する」を見出した。

以上から、創造性教育モデルとして「創造的人格の3因子（「知的好奇心」「勤勉性」「外向性」）」が学生の能力発掘の目安となると同時に、それらの側

面を高める創造性教育として、製品開発の手法による創造力を高める「観察力、論理的思考力、発想力、知識力、技術力」の修練が有効であると結論づけた。

　これら製品開発による創造性教育が、学校教育をはじめさまざまな場所で実践され、多くの創造的人材を育てることが喫緊の課題である。

参考文献一覧

明石芳彦・植田浩史編(1995)『日本企業の研究開発システム―戦略と競争』東京大学出版会。
明石芳彦(2002)『漸進的改良型イノベーションの背景』有斐閣。
明石芳彦編(2009)『ベンチャーが社会を変える』ミネルヴァ書房。
明石芳彦(2012)「日本産業・企業の国際競争力――技術イノベーションと付加価値創造―」『産業学会研究年報』27、31-42。
秋田美代・齋藤昇(2011)「数学教育における創造的思考の活性化に関する研究――問題解決における思考の一時的滞留について」『数学教育学研究』全国数学教育学会誌17(2)、55-63。
穐山貞登(1975)『創造性』培風館。
阿部宏行(2007)「イメージ創出の系とイメージ構築の系から考える指導の一考察」『美術教育学』美術科教育学会誌／美術科教育学会誌編集委員会編 28、15～26。
池守滋・佐藤弘幸・中村豊久(2006)『新しい観点と実践に基づく工業科教育法の研究』実教出版。
石田正治(2011)「全国公立工業科の教育課程の構造」『職業とキャリアの教育学』(名古屋大学大学院教育発達科学研究科職業・キャリア教育学研究室編) 18、17-29。
板野雄二・東條光彦(1993)『心理アセスメントハンドブック――セルフ・エフェカシー尺度』西村書店。
伊丹敬之(2009)『イノベーションを興す』日本経済新聞出版社。
梅谷俊一郎(1970)「G. S. ベッカー著「人的資本」(Gray S. Becker; Human Capital, 1964)」『日本労働協会雑誌』日本労働協会編 12(12)、60-64、73。
ウラン、チチゲ／弓野憲一(2010)「世界の創造性教育を概観する――創造性を育成する授業についての一考察」『静岡大学教育学部研究報告教科教育学篇』41、47-76。
遠藤玄・福島文彦・桑原裕之ほか(2013)「大道芸ロボットコンテストによる創造性教育と卒業生アンケートによる評価」『日本ロボット学会誌』日本ロボット学会編 31(2)、82-89。
大阪市立大学大学院創造都市研究科編(2010)『創造の場と都市再生』晃洋書房。
大島昌平(2010)「豊田市で活動する里山保全活動団体における組織論的考察」『矢作川研究』14、89-101。
大野木裕明(2004)「主要5因子性格検査3種間の相関的資料」『パーソナリティ研究』12(2)、82-89。
奥出直人(2007)『デザイン思考の道具箱――イノベーションを生む会社のつくり方』早川書房。

奥出直人（2012）『デザイン思考と経営戦略』NTT 出版。
恩田彰（1965）「生産性と創造性の関係についての研究（1） 創造性の概念について」『日本教育心理学会総会発表論文集』7、140-141。
恩田彰（1968）「創造性の概念に関する研究」『日本教育心理学会総会発表論文集』10、332-333。
恩田彰（1971）『創造性の研究』恒星社厚生閣。
恩田彰（1974）『創造心理学』恒星社厚生閣。
恩田彰（1994）『創造性教育の展開』恒星社厚生閣。
加藤俊文（2008）『中小企業の製品開発論』静岡学術出版。
川上智子（2005）『顧客志向の新製品開発——マーケティングと技術のインターフェイス』有斐閣。
川喜多二郎（1967）『発想法』中央公論新社。
川喜多二郎（1970）『続・発想法』中央公論新社。
川喜多二郎（2010）『創造性とは何か』祥伝社。
岸本定吉（1984）『木炭の博物誌』総合科学出版。
木村雅信（1999）「創造性の構造と条件」『札幌大谷短期大学紀要』30、25-108。
ケリー、トム／鈴木主税・秀岡尚子訳（2002）『発想する会社！——世界最高のデザイン・ファーム IDEO に学ぶイノベーションの技法』早川書房。
ケリー、トム／ダイヤモンド社編集部訳（2014）「IDEO 流 創造性を取り戻す4つの方法」『DIAMOND ハーバード・ビジネス・レビュー』2014 年 11 月号、ダイヤモンド社。
厚生労働省（2012）『労働経済の分析』。
国連貿易開発会議（UNCTAD）／明石芳彦・中本悟・小長谷一之・久末弥生訳（2014）『クリエイティブ経済』ナカニシヤ出版。
小長谷一之（2005）『都市経済再生のまちづくり』古今書院。
小長谷一之（2014）「都市経済論・都市空間論からみた創造都市」『創造都市研究』15。
小長谷一之・塩沢由典編（2007）『創造都市への戦略』晃洋書房。
小長谷一之・塩沢由典編（2008）『まちづくりと創造都市』晃洋書房。
小長谷一之・塩沢由典編（2009）『まちづくりと創造都市2』晃洋書房。
小長谷一之・福山直寿・五嶋俊彦・本松豊太（2012）『地域活性化戦略』晃洋書房。
紺野登（2010）『ビジネスのためのデザイン思考』東洋経済新聞社。
近能善範（2004）「日本型産業構造の転換——日本の自動車部品サプライヤーシステムの変化について」『クォータリー生活福祉研究』49(13)、pp.1-15。
齋藤昇（2006）「空間図形における創造性と学習内容の理解との関係」『全国数学教育学会誌』数学教育学研究12、105-117。
佐宗邦威（2015）『21 世紀のビジネスにデザイン思考が必要な理由』クロスメディア・パブリッシング。
澤泉重一・片井修（2007）『セレンディピティの探求』角川学芸出版
柴山盛生（2002）「創造性の概念と理論」『NII テクニカルレポート（NII-2002-001J）』国立情報学研究所、3-7。

島田和典・森山潤・松浦正史（2006）「工業高校の「課題研究」における製作活動が生徒の自己概念形成に及ぼす影響」『日本産業技術教育学会誌』48、4、275-282。

島田和典・森山潤（2012）「工業高校生の自己概念の変容・形成過程の縦断的事例検討──入学から卒業までのエスノグラフィーを通して」『大分大学教育福祉科学部研究紀要』34(2)、207-222。

島田和典・酒井寅平（2014）「環境・防災意識に焦点をあてた実践的・体験的な学びの効果」『日本産業技術教育学会九州支部論文集』21、45-50。

志水宏吉編（1998）『教育のエスノグラフィー──学校現場のいま』嵯峨野書院。

下仲順子・中里克治・権藤恭之・高山緑（1999）『NEO PI-R 人格検査』東京心理。

杉本和俊（2006）『ディーゼル自動車がよくわかる本』山海堂。

シュムペーター、J・A／塩野谷祐一・東畑精一・中山伊知郎訳（1977）『経済発展の理論 上』岩波文庫。

シュムペーター、J・A／塩野谷祐一・東畑精一・中山伊知郎訳（1977）『経済発展の理論 下』岩波文庫。

シュワルツ、エヴァン・I／桃井緑美子訳（2013）『発明家に学ぶ発想戦略』翔泳社。

徐方啓（2009）「イノベーションの構造」『商経学叢』55(3)、489-503。

チクセントミハイ、M／今村浩明訳（1996）『フロー体験喜びの現象学』世界思想社。

知的財産戦略本部（2003）『知的財産の創造、保護及び活用に関する推進計画』首相官邸。

辻平治郎編（1998）『5因子性格検査の理論と実際──こころをはかる5つのものさし』北大路書房。

等価変換創学会編（2005）『等価変換理論』日刊工業新聞社。

豊田秀樹（2007）『共分散構造分析［Amos 偏］』東京図書。

ドラッカー、P・F／上田惇生訳（1985）『イノベーションと企業家精神──実践と原理』ダイヤモンド社。

トーランス、E・P／佐藤三郎訳（1966）『創造性の教育』誠信書房。

長尾祐樹・鈴木裕利・藤吉弘亘・藤井隆司・石井成郎（2008）「創造性教育における学習成果の評価に関する提案」『情報処理学会研究報告組込みシステム（EMB）』55、131-138。

中山正和（1975）『NM法のすべて』産能大学出版部。

中山正和（1992）『創造工学入門』産能大学出版部。

西康隆・庭瀬敬右（2003）「小学生の創造的態度についての研究──その特徴と学年変化」『日本理科教育学会理科教育学研究』日本理科教育学会 44(1)、21-28。

西ヶ谷浩史・江口啓・藤井道彦・八木佑樹・紅林秀治（2010）「持続可能な社会を考える中学校技術科の授業の試み──ゴマ栽培からバイオ・ディーゼルを作る授業」『静岡大学教育実践総合センター紀要』18、47-55。

西村克己（2010）『図解で思考する技術』PHP研究所。

野中郁次郎・紺野登（2003）『知識創造の方法論』東洋経済新報社。

延岡健太郎（2002）『製品開発の知識』日本経済新聞社。

林未和子・住田佳奈美・江洲りょうこ・福田公子（2008）「中学校「50分の調理実習」授業のエスノグラフィー」『日本家庭科教育学会誌』51、2、pp.87-95。

半田栄一(2002)「現代教育における創造性・霊性」『嘉悦大学研究論集』嘉悦大学論集編集委員会、45(1)、51-64。
日髙義浩・辻和則(2012)「6点入力式による点字型キーボードの開発―工業科「課題研究」におけるものづくりの実践事例―」『教育情報研究』28、2、pp. 45-51。
藤森保明(2002)、「経営と創造性―直観を中心にして」『経営経理研究』、拓殖大学経営経理研究所編集委員会、(69)、17-35。
ブラウ、ピーター・M／間場寿一・居安正・塩原勉訳(1974)『交換と権力――社会課程の弁証法社会学』新曜社、(原著、1964 "Exchange and Power in Social Life", New York: John Wiley & Sons)。
ブラウン、ティム／ダイヤモンド社編集部訳(2008)「IDEO　デザイン・シンキング」『DIAMONDハーバード・ビジネス・レビュー』2008年12月号、ダイヤモンド社。
フロリダ、R／井口典夫訳(2008)『クリエイティブ資本論』ダイヤモンド社。
フロリダ、R／井口典夫訳(2007)『クリエイティブ・クラスの世紀』ダイヤモンド社。
フロリダ、R／井口典夫訳(2009)『クリエイティブ都市論』ダイヤモンド社。
フロリダ、R／小長谷一之訳(2010)『クリエイティブ都市経済論――地域活性化の条件』日本評論社。
星野匡(2005)『発想法入門』日本経済新聞社。
堀公俊・加藤彰(2012)『アイデア・イノベーション』日本経済新聞出版社。
ポランニー、K／玉野井芳郎・栗本慎一郎訳(1980)『人間の経済1　市場社会の虚構性』岩波書店(原著、1977 "The Livelihood of Man")。
増田寛也編(2014)『地方消滅――東京一極集中が招く人口急減』中央公論新社。
マスロー、A・H／佐藤三郎・佐藤全弘訳(1972)『創造的人間』誠信書房。
松田貴典・川田隆雄・近勝彦(2012)『創造社会のデザイン』ふくろう出版。
松永桂子(2012)『創造的地域社会』新評論。
松前あかね・中村隆敏・堀良彰・松前進(2015)「インターフェイスにおけるデザイン思考の共創メディア性に関する考察――学際・国際・地域連携による共創」『佐賀大学全学教育機構紀要』、3、137-153。
宗吉秀樹(2010)「発想の瞬間とセレンディピティ」高橋誠編『発想と企画の心理学』朝倉書店。
村上宜寛・村上千恵子(1997)「主要5因子性格検査の尺度構成」『性格心理学研究』6(1)、29-39。
村上宜寛・村上千恵子(1999)『主要5因子性格検査の手引き』学芸図書。
村上宜寛・村上千恵子(2008)『主要5因子性格検査ハンドブック　改訂版』学芸図書。
森朋子・山田剛史(2009)「初年次教育における協調学習が及ぼす効果とそのプロセス　学生同士の〈足場づくり〉を中心に」『京都大学高等教育研究』15、37-46。
文部科学省(2010)『高等学校学習指導要領解説　工業編』実教出版。
文部科学省(2014a)『平成26年度学校基本調査「高等学校教育の現状」』。
文部科学省(2014b)『平成26年度学校基本調査「高等学校の学科別生徒数(本科)」』。
矢野正晴・柴山盛生・孫媛・西澤正己・福田光宏(2002)「創造性の概念と理論」『NIIテクニカルレポート(NII-2002-001J)』国立情報学研究所。

山田啓次（2014）「工業科教員による創造物意味尺度（CPSS）を用いたアイデアシートの創造性評価」『日本産業技術教育学会誌』56、67-74。
山田啓次・武市勝・島田和典（2014）「小型 BDF 製造装置の開発――工業高校発の設計開発プロジェクト」『日本産業技術教育学会第 57 回全国大会（熊本）講演要旨集』。
山田啓次・島田和典（2015）「工業高校「課題研究」による教育効果の一考察」『工業技術教育研究』20(1)、7-15。
山本勇・森栗晃史・若江三賀子（2005）「技術・家庭科技術分野の教員として知的財産権教育を行うに必要な能力・知識の検討」『日本産業技術教育学会誌』47(1)、39-46。
山脇正雄（2002）「モノづくり新産業創出に必要な人材育成教育」『工学教育』50(2)、2-9。
湯沢雅人（2008）「製品開発に関する先行研究の系譜」『横浜国際社会科学研究』12(6)、829-850。
ユング、C・G／河合隼雄・藤縄昭・出井淑子訳（1972）『ユング自伝』みすず書房。
横田理恵（2011）「イノベーションを誘導するマネジメント・コントロールの検討――先行研究からの一考察」『三田商学研究』56(3)、95-108。
吉田靖（2005）「創造的産出物に基づいた創造性の定義と評定」『立命館人間科学研究』8、41-56。
吉田靖・服部雅史（2006）「アイデア探索空間モデルによる創造性とその下位概念の分析」『基礎心理学研究第』24、181-190。
米谷雅之（1997）「新製品の定義と分類」『山口經濟學雜誌』45(4)、519-548。
林野庁（2012）『平成 24 年度森林及び林業の動向』。
レビット、T／土岐坤訳（2002）『レビットのマーケティング思考法』ダイヤモンド社。
ロバーツ、ロイストン・M／安藤喬志訳（1993）『セレンディピティ――思いがけない発見・発明のドラマ』化学同人。
Amabile, T. M. (1996) "Creativity in Contest Update to the Social Psychology of Creativity", Westview Press.
Besemer, S. (1981) 'Analysis of Creative Products: Review and Synthesis', "Journal of Creative Behavior", 15, 158-178.
Besemer, S. & O'Quin, K. (1986) 'Analyzing Creative Products. Refinement and Test of a Judging Instrument', "Journal of Creative Behavior", 20, 115-126.
Besemer, S. & O'Quin, K (1999) 'Confirming the Three-Factor Creative Product: Analysis Matrix Model in an American Sample', "Journal of Creativity Research", 12, 287-296.
Becker, Gary S. (1964, 1994) "Human Capital: A Theoretical and Empirical Analysis with Special Reference to Education", Univ of Chicago Press (Tx).
Brown, Tim (2008) 'Design Thinking', "Harvard Business Review", 86(6), 84-92.
Goldberg, L. R. (1992) 'The Development of Markers for the Big-five Factor Structure', "Psychological Assessment", 4, 26-42.
Guilford, Joy Paul (1967) "The Nature of Human Intelligence", McGraw-Hill.
Michael, Kurt Y. (2001) 'The Effect of a Computer Simulation Activity versus a Hands-on Activity on Product Creativity in Technology Education', "Journal of

Technology Education", 13, 31-43.
Wallas, Graham (1926) "The Art of Thought", J. Cape.
White, A. & Smith, B. L. (2001) 'Assessing Advertising Creativity Using the Creative Product Semantic Scale', "Journal of Advertising Research", 41, 27-34.

謝　　辞

　本書は、大阪市立大学大学院教授小長谷一之先生のご指導により書き上げた博士論文をもとに制作したものです。本研究を遂行し論文をまとめるにあたり、終始ご親身な激励とご指導を頂いた大阪市立大学大学院創造都市研究科都市政策専攻小長谷一之教授に心より感謝申し上げます。

　本研究は筆者が工業高校における産業教育の現場で20年にわたり開発型のモノづくりに従事してきた実践を理論化し「たし算型イノベーション」に対し「わり算型イノベーション」を提案したものです。実際に取り上げた題材は企業により製品化されたものであり、産業教育の枠を超え経営学の分野に踏み込んだ学際的な研究です。小長谷一之教授にはこのような複雑で雑然としたテーマににもかかわらず的確なご教示と多大なご支援を賜りましたことを心より感謝申し上げます。

　また当時、大阪市立大学大学院創造都市研究科教授で現在大阪商業大学在職中の明石芳彦教授、大阪市立大学大学院創造都市研究科都市ビジネス専攻近勝彦教授、大阪市立大学大学院創造都市研究科都市政策専攻松永桂子准教授におかれましては本研究を進めるにあたり暖かいご支援ご教示を賜りましたことを心より感謝申し上げます。創造性の研究につきましては兵庫教育大学大学院時代の師で、現在、大和大学教育学部の塩見邦雄教授にご指導を賜りましたことを心より感謝申し上げます。

　工業高校卒業生のキャリア形成に関する研究につきましては当時、国立大学法人大分大学教育福祉科学部准教授で現在東京学芸大学在職中の島田和典准教授にご支援ご協力を賜りましたことを心より感謝申し上げます。

　研究室の先輩であり研究とはいかなるものかをご指導いただき、大阪市立大学へと導いていただきました大和みつばち研究所吉川浩所長に心より感謝申し上げます。

さらに筆者の元勤務先である大阪府立佐野工科高等学校の山﨑健首席をはじめ多くの先生方および卒業生の皆様にはアンケートや実験において多大なご協力を頂きましたことを心より感謝申し上げます。
　また、研究を進めるにあたり、ご支援、ご協力を頂きながら、ここにお名前を記すことができなかった多くの方々に心より感謝申し上げます。
　最後になりましたが、本書の出版にあたり要領をえない筆者との対応にご苦労をしいられながらも最後までご尽力いただきましたナカニシヤ出版の酒井敏行様と出版社の皆様に心から感謝申し上げます。

山田啓次

索　　引

あ
アブダクション　25
イノベーション論　11
MOT（技術経営）　7

か
「課題研究」　2, 27, 36-38, 41-45, 47, 48,
　　66, 67, 91, 115, 118, 215
減圧蒸留装置の開発プロセス　105
高速炭化炉の開発プロセス　93, 94
高等学校学習指導要領　32, 33, 35, 36, 63,
　　66, 192, 194
困難の分解　iii, 109, 110, 114, 116, 146,
　　162, 163, 165, 180, 183-186
コンカレント・エンジニアリング　5,
　　149-153

さ
主要5因子性格検査　203
処理容量の選択　123
製品のコモディティ化　137
セレンディピティ　187-189
創造都市　1, 2
創造物意味尺度（CPSS）　196, 197, 202,
　　203, 206-209, 212
素材の3条件　120, 121

た
足し算型イノベーション　iii, 216
デザイン思考　ii, 23-26, 165, 167, 168,
　　170, 171, 179

な
21世紀の産業教育イメージ　61

は
BDF　68-74, 76, 78, 79, 106, 109, 111,
　　113, 114, 116, 117, 122
BDF製造装置の開発プロセス　81
分解のブレインストーミング　iii, 109,
　　116, 146, 216
ペティ・クラークの法則　3

ま
モノからコトへ　166, 175
モノづくり系クラブ　37-39

ら
リバースエンジニアリング　148

わ
割り算型イノベーション　iii, 109, 116,
　　146

山田啓次（やまだ けいじ）
大阪府立高等学校校長。博士（創造都市）。大阪産業大学第工学部交通機械工学科卒業、兵庫教育大学大学院学校教育研究科修士課程修了、大阪市立大学大学院創造都市研究科博士後期課程修了。大阪府下の工業高校で 20 年以上にわたり勤務。大阪府教育委員会事務局教育総務企画課指導主事を経て 2015 年より現職。これまで教え子とともに 40 近い発明発見を行ってきた。日本産業技術教育学会特別賞、近畿経済産業局長賞、文部科学大臣優秀教員表彰、（社）全国工業高等学校長協会教職員特別表彰など受賞多数。京都教育大学非常勤講師（工業科教育法Ⅰ）、大阪府地球温暖化防止活動推進委員研修講師、岸和田市商工会議所鉄工機器工業部会セミナー講師、泉佐野市まちづくり政策コンテスト審査委員などを歴任。日本産業技術教育学会会員、日本工業技術教育学会会員、日本教育心理学会会員、日本応用教育心理学会会員、（一社）大阪発明協会会員。

創造性教育とモノづくり
工業高校発、製品開発によるイノベーションの方法論

2017 年 9 月 30 日　初版第 1 刷発行　（定価はカヴァーに表示してあります）

著　者　山田啓次
発行者　中西良
発行所　株式会社ナカニシヤ出版
　　　　〒 606-8161　京都市左京区一乗寺木ノ本町 15 番地
　　　　　　　　TEL 075-723-0111　FAX 075-723-0095
　　　　　　　　http://www.nakanishiya.co.jp/

装幀＝白沢正
印刷・製本＝創栄図書印刷
©Keiji Yamada 2017　Printed in Japan
＊落丁・乱丁本はお取り替え致します。
ISBN978-4-7795-1213-1　C0034

本書のコピー，スキャン，デジタル化等の無断複製は著作権法上での例外を除き禁じられています。本書を代行業者等の第三者に依頼してスキャンやデジタル化することはたとえ個人や家庭内の利用であっても著作権法上認められておりません。

ダイバーシティ・マネジメント入門
経営戦略としての多様性
尾崎俊哉

女性や外国人をはじめ、様々な人材の活用をめざすダイバーシティ・マネジメント。人材の多様性は競争力構築のための戦略としても注目される。その経営戦略上の意義を経済学・経営学の理論をもとに紹介。二二〇〇円

ベンチャー起業家社会の実現
起業家教育とエコシステムの構築
熊野正樹

ベンチャーファイナンス教育やビジネスプラン作成の指導方法を実践をもとに紹介。若きベンチャー起業家が活躍できる社会に向けて、ベンチャー企業育成のための諸機関の連携、エコシステムの重要性を提言。二〇〇〇円

お笑い芸人の言語学
テレビから読み解く「ことば」の空間
吉村誠

たけしやさんま、紳助らが引き起こしたお笑い言語革命の本質は生活言語の実践にある！彼らがテレビにもたらした言語革命の詳細と「漫才ブーム」の真相に、「M-1グランプリ」創設プロデューサーが迫る。二二〇〇円

診療所の窓辺から
いのちを抱きしめる、四万十川のほとりにて
小笠原望

四万十川に架かる、橋のたもとの診療所。ドラマだらけの臨床に身を置いたひとりの医師が辿りついた境地とは。現在を生きるひと、すべてにかかわる「いのち」のシーンを、柔らかに、しなやかに描き出す。一五〇〇円

表示は本体価格です。